工会会计实务（修订版）

GONGHUI KUAIJI SHIWU（XIUDINGBAN）

任小平　著

中国工人出版社

图书在版编目（CIP）数据

工会会计实务 / 任小平著. —修订本. —北京：中国工人出版社，2014.6
ISBN 978-7-5008-5811-9

Ⅰ. ①工…　Ⅱ. ①任…　Ⅲ. ①工会—会计制度—中国　Ⅳ. ①D412.67

中国版本图书馆CIP数据核字（2014）第109456号

工会会计实务(修订版)

出 版 人	李庆堂
责任编辑	杨　丽
责任校对	孙逦伟
责任印制	栾征宇
出版发行	中国工人出版社
地　　址	北京市东城区鼓楼外大街45号　邮编：100120
网　　址	http://www.wp-china.com
电　　话	（010）62350006（总编室）　（010）62005039（营销出版部） （010）82075935（工会与劳动关系分社）
发行热线	（010）62004002　（010）82081553（传真）
经　　销	各地书店
印　　刷	北京市密东印刷有限公司
开　　本	710 毫米×1000 毫米　1/16
印　　张	15.25
字　　数	250 千字
版　　次	2014 年 6 月第 1 版　2018 年 5 月第 2 版第 3 次印刷
定　　价	30.00 元

作者简介

任小平，1972年12月生，四川达县人，管理学硕士。现为中国劳动关系学院经济管理系教授、副主任，中国注册会计师；兼任中国社会学会劳动社会学专业委员会理事、北京农禾之家咨询服务中心（NGO）监事，具有较为丰富的理论和实务经验。

主要研究领域为资本市场、制度分析、农村合作金融和劳动关系。参与和主持国家社科基金等在内的各类课题15项，出版了《盈余管理研究：基于雇员工资合约的视角》、《会计信息与工资集体协商》、《企业财务报告：基于“数据”的分析、甄别和管理》、《财务从不说假话》、《财务没有“潜规则”》和《工会会计实务》等学术专著，在《学术研究》、《财务会计》和《中州学刊》等核心期刊发表学术论文50余篇。

前　言

《中国工会章程》规定：中国工会是中国共产党领导的职工自愿结合的工人阶级群众组织，是党联系职工群众的桥梁和纽带，是国家政权的重要社会支柱，是会员和职工利益的代表。

工会经济活动的实质是更好地实现和履行与其性质相吻合的职能，最大限度地表达和维护职工权益，促进劳动关系和谐，共建社会和谐。随着社会主义市场经济体制的不断完善，工会在履行职能中的经济活动也发生了重大变化，如何规范和报告工会的经济行为已经引起社会的广泛关注。

为适应新形势下工会经费拨缴方式、业务活动内容等方面的变化，进一步规范工会的会计核算，提高会计信息质量，更好地服务工会会计工作，现对2010版的《工会会计实务：新〈工会会计制度〉应用指南》一书进行了修改。修改的内容主要有：

1. 重新调整了内容架构，围绕工会会计要素介绍相应的实务处理。

2. 新增了《工会预算管理》（第二章）和《工会经济活动分析》（第十章）两部分内容，目的是将工会的业务活动与预算管理、绩效评价挂钩，引导提升各级工会经费配置效率和效果的理财能力。

3. 删掉原版第二章《新旧会计制度衔接》，这主要是因为《工会会计制度》已经实施多年，广大读者和实务工作者已经对制度的基本要求有了较好的理解。

修订后本书的最大特点是将各级工会业务活动与经费管理紧密结合，尤其是在相关业务活动的实务处理、内控要求以及决策应用等方面，进行了较为全面的探讨。

本书适合各级工会从事财务、预算、经审和资产管理的工作者学习，也可作为工会财务经审等相关业务工作的培训教材，同时，对意欲了解、熟悉工会财务管理和经济工作的读者也有帮助。

受作者个人学识与阅历所限，书中不当之处在所难免，尤其是在制度性很强的业务方面，可能会因对制度的理解而有所偏差，对此给读者朋友带来的困扰，表示诚挚的歉意。热忱欢迎各位批评斧正，您的意见和建议可以发至 renxiaoping@ ciir. edu. cn。让我们共同努力，为工会财务工作健康发展作出贡献。

任 小 平

2014 年 5 月于北京新风街 1 号院

CONTENTS 目录

第一章　工会会计概述

工会会计在性质上属于非营利组织会计范畴，经济业务核算的直接依据是财政部于2009年印发的《工会会计制度》（财会〔2009〕7号），目的是通过对工会组织经济业务的确认、计量和报告，提高工会会计信息的质量，更好地为工会职能的履行和工运事业的可持续发展提供决策依据。

一、工会会计的特点

工会会计是各级工会核算、反映、监督工会预算执行和经济活动的专业会计。和其他会计相比，工会会计具有如下特点：

（一）工会会计是确认、计量和报告工会业务活动的专业会计

会计作为确认、计量和报告各类主体经济活动的管理工具，其基本目的是为与主体相关的利益相关者提供对决策有用的会计信息，并反映特定主体受托责任的履行情况。

工会会计属于非营利组织会计体系。但和其他非营利组织比较，工会的职能和业务活动存在特殊性，这主要表现在：一是工会履行职能的经费来源有法律规定的渠道；二是工会经费的使用必须与其职能相一致，经费使用过程中始终贯穿“服务职工、面向工会”的原则。因此，工会组织的非营利性有自己特殊性，已有的非盈利组织会计规范难以反映工会业务活动的实质。

所以，工会会计属于专业会计，既体现了会计规范应由国家统一制定和管理的制度理念，同时也兼顾工会组织自身的业务实际，确保工会会计业务的真实和完整。

（二）工会会计管理体系独立

《工会会计制度》第三条规定：“……工会依法建立独立的会计核算管理体系，并与工会预算管理体制相适应……”第四条规定：“县级以上（含县级，下同）工会应当设置会计机构，配备专职会计人员。县级以下工会应当

根据会计业务的需要设置会计机构或者在有关机构中设置专职会计人员；不具备设置条件的基层工会，应当委托经批准设立从事会计代理记账业务的中介机构代理记账或者聘请兼职会计。”

上述规定表明：（1）工会的会计管理体制必须坚持“统一所有、分级管理”的管理体制，此处的统一具有三层含义：会计机构上统一；会计制度上统一；会计规范上应坚持下位服从上位，即下级工会结合本单位、本地区所制定的补充规定，不得与上级工会的规范相冲突。（2）未经工会同意，任何将工会会计核算进行合并或裁撤的行为都与法律规定不符。（3）只要有一级经费预算，就应有与之相应的一级会计核算。（4）各级工会应建立和完善会计管理机构，并配备符合法律规定的会计人员，对不具备这一条件的基层工会，应当委托经批准设立从事会计代理记账业务的中介机构代理记账或者聘请兼职会计。

（三）工会会计确认、计量和报告的经济业务应与工会的业务活动相适应

组织的经济活动与其组织属性密切相关。对工会而言，表达和维护职工权益是其一切工作的出发点和落脚点。而与职能相应的财力保障也应由相应的制度予以明确。因此，《工会法》和《中国工会章程》均规定，工会经费的来源包括：（1）会员缴纳的会费；（2）企业、事业单位、机关和其他社会组织按全部职工工资总额的百分之二向工会拨缴的经费或者建会筹备金；（3）工会所属的企业、事业单位上缴的收入；（4）人民政府和企业、事业单位、机关和其他社会组织的补助；（5）其他收入。与之相对应，工会经费的使用也应坚持“服务职工、面向工会”等基本原则。工会会计核算必须以工会自身的经济活动为基础，并按照《工会会计制度》的要求，选择适当的会计方法，公允报告工会业务活动。

二、工会会计的职能

工会会计的职能是指工会会计所固有的功能，它与工会组织的经济活动密切相关。概括而言，反映和监督是工会会计的两项基本职能。

（一）反映

这是指各级工会组织按照《工会会计制度》的要求，对其自身发生的业务活动连续、系统、完整地进行确认、计量和报告的过程。

1. 确认

确认是各级工会对已发生的业务活动，按照《工会会计制度》的要求，将相关业务活动划分为与之相关的会计要素的过程。会计确认既是工会会计核算的起点，也是确认具体核算方法、划分核算科目、报告业务内容的基础。

2. 计量

工会将已发生的业务活动按照《工会会计制度》的要求确认为相应的核算要素后，需要解决一个最基本的问题就是业务的计量方法。理论上，工会业务活动的计量方法包括历史成本、公允价值等，但在实际工作中，工会绝大部分业务活动都是按照历史成本计量的，即按照业务发生时的实际支出进行价值计量，涉及数量的，如库存物品、固定资产的核算，还需要进行相应的数量计量。

3. 报告

工会应按照《工会会计制度》的要求，在规定的时间，按照规定的格式和内容，向工会会计信息使用者提供综合会计信息。会计报告的主要载体是会计报表以及基于会计报表的相关说明书等。

（二）监督

会计的监督职能就是按照一定的目的和要求，利用会计核算提供的信息，对单位经济活动进行控制，以达到预定目标。工会会计监督就是按照工会预算收支计划，按照国家财经纪律的相关规定和工会有关文件、政策为依据，对经济业务进行严格的审查、核对，以保证每一笔经济业务的合法性、合理性和有效性，对于违纪违规的财务收支行为，会计人员有权拒绝办理，从而达到用好、管好工会资金的目的。

三、工会会计目标

《工会会计制度》第十四条规定：“工会提供的会计信息应当符合工会宏观管理的要求，满足会计信息使用者的需要，满足本级工会加强财务管理的需要。”这说明，工会会计的目标有三层含义：

1. 有助于各级工会改进、完善和提升管理水平。通过对会计信息的使用，各级工会可以发现管理中取得的成绩与存在的问题，以此为基础，分析原因，并结合未来的情况，采取切实措施，发扬成绩，改正不足，不断改进、完善和提升管理水平。

2. 有助于各级工会会计信息使用者的决策需要。工会会计信息的使用者广义上有三类：一是工会系统的会计信息使用者，包括本级工会和上下级工会；二是各级工会联系和团结的广大会员群众；三是包括党政等在内的外部信息关注者。尽管不同的主体对工会会计信息需求重点、内容以及结构等方面存在差异，但其共性是工会所提供的会计信息要能够满足这些使用者的决策所需，以确保会计信息决策功能的实现。

3. 与工会宏观管理要求相吻合。工会宏观管理的重点是把“党政所需、职工所急、工会所能和社会所望”的事情做好、做实、做到位。通过工会会计信息的分析，将有助于检验各级工会业务活动中的资源配置效率和效果，以更好地满足工会宏观管理的需要。

四、工会会计假设

理论源于实践又高于实践，会计工作也是如此。按照《工会会计制度》的规定，工会会计假设包括：

（一）会计主体假设

会计主体是指，会计核算服务的对象，是会计核算的空间范围，是明确会计责任的重要依据。工会应当对其自身发生的经济业务进行会计处理和报告（《工会会计制度》，第六条），因此，各级工会组织是当然的会计主体，应按照《会计法》的要求，开展相关会计工作。实际工作中，工会会计主体可以是一个法人单位，也可以是一个非法人单位（如工会的派驻机构、尚未取得法人资格的基层工会等）。简言之，法人是会计主体，但会计主体不一定是法人。

（二）持续运行假设

持续运行假设是指，在可预见的将来，作为会计主体的各级工会不会被撤销、归并或人为地被停止运行。该假设的目的是为会计规则的运行提供可持续性的时间环境。工会会计应当以工会的持续运行为前提（《工会会计制度》，第七条）。

（三）会计分期假设

会计分期假设是指，在会计主体持续经营假设的基础上，为确保会计主体能够及时报告与决策有关的会计信息而人为规定的会计报告时间。按照规定，我国的会计报告期间为公历 1 月 1 日至 12 月 31 日（即会计年度）。在会计年度的基础上，会计主体一般需要定期（如每月）报告相关的会计信息。工会应当划分会计期间，分期结算账目和编制会计报表。会计期间分为年度和中期，中期是指短于一个完整的会计年度的报告期间（如半年度、季度和月度）（《工会会计制度》，第八条）。

（四）货币计量假设

货币计量假设是指，工会发生的所有经济业务只有在可以用货币进行计量时才能纳入会计核算的范围，并按照会计制度的要求进行相应的确认、计量和报告。按照规定，工会会计核算一律以人民币作为记账本位币。（《工会会计制度》，第九条）。

（五）核算基础假设

按照业务活动是否涉及现金，可以将单位的业务活动区分为现金业务和非现金业务。这样在会计核算上就产生一个问题：是按现金基础还是非现金基础进行会计核算。

制度规定，工会会计以收付实现制为基础，以权责发生制为补充（《工会会计制度》，第十条）。这说明，各级工会组织的会计核算应以是否收到或支付现金作为相关资产或负债、相关收入和支出的确认标准；但在某些情况下，也可以按照权责发生制作为核算基础，如截止到会计期末（如月末或年末），工会应收取的财政返还款、应收或应付的工会经费以及工会内部因业务活动需要尚未结算的内部款项等。尽管与这些款项相关的权利和义务尚未支付或收到现金，但由于与之相关的义务或权利在本会计期间已经发生并且确定性极高，为全面反映这些非现金业务所带来的业务变化，制度规定工会会计在现金核算基础为主的同时，可以将“权责发生制”作为核算基础的补充。

五、工会会计的一般原则

一般原则主要是对会计信息质量进行规范。由于工会会计的目标是：满足与工会组织利益相关者的决策需要，而实现这一目标的会计信息应该与《工会会计制度》规定的一般原则相吻合，具体包括：

（一）有用性原则

有用性原则是指，工会提供的会计信息能够满足利益相关者的决策需要，会计信息与工会宏观管理要求相符合的同时，满足会计信息使用者的需要，满足本级工会加强财务管理的需要。

（二）客观性原则

客观性原则是指，工会的会计信息必须以实际发生的经济业务为依据，不得伪造、变造相关经济活动，应客观真实地记录、反映各级工会组织的收入、支出状况及结果。客观性原则要求工会会计信息内容必须真实、数据准确、不做假账。

（三）明晰性原则

明晰性原则是指，工会的会计核算应当清晰明了，易于理解和使用。这就要求各级工会组织的会计核算必须以按照制度的统一要求进行，做到内容一致、格式统一、程序规范。

（四）可比性原则

可比性原则要求不同工会组织在同一时期或者同一工会组织在不同时期提供的会计信息具有可比性。这就要求各级工会组织的会计处理方法应在不同的会计期间保持一致，不得随意变更，以确保会计信息口径一致，相互可比。但可比性原则也认为，如果与原有方法相关的因素发生变化，如新的会计制度出现或者原有方法不能合理反映经济业务时，可以对方法进行变更，但需要说明变更的理由及其影响。

（五）重要性原则

重要性原则要求工会组织在进行会计核算时，对重要的经济业务应单独反映，对不重要的经济业务则可以合并处理。重要性的界定可以有两个方面，一是性质上很重要，如现金、银行存款，尽管金额可能不大，但属于十分重要的资产项目，因此在核算时要单独处理；二是金额上很重要，一般情况下，发生频率高、金额较大的业务都属于重要的经济业务，需要单独反映，以满足会计信息使用者决策需要。

（六）及时性原则

及时性原则是指，工会组织应在经济业务发生后及时进行会计处理和报告，不得提前和延后，以准确反映报告期间各级工会的财务状况、业务活动和预算执行情况。

（七）历史成本原则

历史成本原则是指，工会资产的入账价值应等于取得该资产时的所有支出，应当按照实际成本计量。资产入账价值一经确定，除另有规定外，在持有期间一律不得自行调整账面价值。历史成本原则的优势是资产的价值易于计算和稽核。

（八）专款专用原则

专款专用原则是指，工会组织在会计核算时，对有明确用途的资金必须专款专用、专门核算，单独反映，不得将资金挪作他用。专款专用是工会会计核算的一项重要内容，也是检验工会财经纪律执行情况的重要标准，各级工会在实际工作中一定要树立专款专用的意识，按照预算批复的项目和额度进行使用，不得在项目之间相互调剂。

六、工会会计要素

会计要素是会计核算的具体内容，是根据各级工会业务活动进行会计信息分类的结果。

工会会计要素包括：资产、负债、净资产、收入和支出，并遵循“资产＝负债＋净资产”这一会计等式（《工会会计制度》，第十一条）。

划分会计要素的基本功能是方便会计主体的经济业务进行分类确认、计量和报告，从而提高会计信息使用的效率和效果。

实务中，工会会计工作所要解决的基本问题是：如何按照制度的规定，将工会组织的日常活动中的“经济语言”转化为“会计语言”。转化示意图见图1－1。

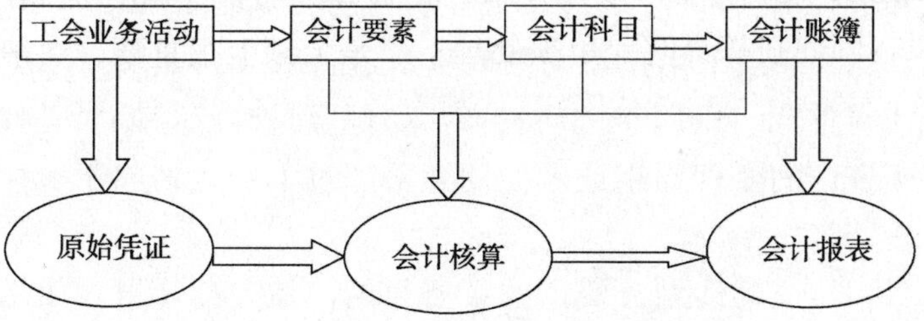

图1－1　经济业务与会计核算的转换

（一）资产

资产是指，工会拥有或控制的能以货币计量的经济资源，包括流动资产、投资和固定资产等。

由于资产是工会履职的物质基础，各级工会组织必须建立和完善工会资产的管理制度，确保资产的安全和完整，提高资产利用的效率和效果。

1. 工会资产的特征

（1）工会资产是工会的一项经济资源

就拥有者而言，资产应具有现实的实用价值和预期的经济得益。如果某项资产不具备上述两个条件，则应按照规定的程序予以核销，并在会计上建立“账销案存”制度，最大限度地维护资产的安全和完整。

（2）工会资产应是工会组织拥有或控制

一项资产是否纳入会计核算的范畴，关键有两点：一是工会是否对该项资产具有所有权；二是在某种情况下，即使不具有所有权，但实质上工会具有长期使用该项资产的完整权利。

强调资产权属的目的在于工会能够完整地行使工会资产的管理权，包括所有权、处置权、收益权等。会计意义上的工会资产虽然强调资产的产权属性，但也不排斥资产的控制属性。

（3）工会资产必须能够以货币计量

在实际工作中，纳入会计核算范畴的资产还需要满足货币计量属性。也就是说，只有那些既符合前述两个特征，同时满足货币计量属性的资产，才能纳入会计核算的范畴。

2. 工会资产的分类

对资产分类的目的是针对不同资产建立与之相应的管理制度，也为会计确认、计量和报告提供基础，工会资产的详细分类见图 1－2。

会计核算时，一般采用按流动性对资产进行划分。如果一项资产在 1 年内能够变现或者使用，则属于流动资产，如现金、银行存款、应收下级经费等；如果一项资产的变现周期或者使用期限超过 1 年，则属于长期资产，如固定资产、投资等。

会计上采用按流动性划分资产的主要目的，是为会计报表使用者判断报告主体的资产结构及支付能力。就特定的会计主体而言，在实际的经济活动中可能会产生一些债务，而债务的偿还一般需要现金支付，如果债务到期又没有足够的现金支付，就可能产生财务危机，这在营利组织会计体系中尤其

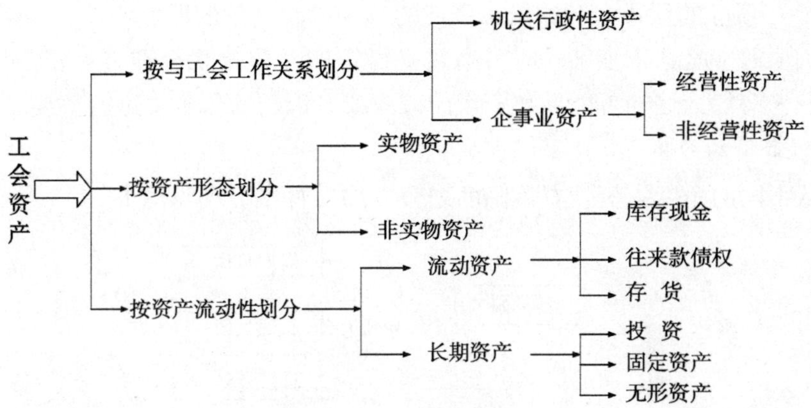

图1-2 工会资产的分类

重要。由于工会属于“非营利组织”，日常经济活动的风险相对较低，债务规模和债务风险也相对可控，发生财务危机的概率较小，但作为具有独立民事责任的工会组织，也应在日常的财务管理中重视资产结构与债务结构的管理，确保工会职能能够正常行使，最大限度地避免和防范财务风险对工会正常工作的不利影响。

（二）负债

负债是指，工会承担的能以货币计量，需以资产偿付的债务，它包括借入款、应付个人收入、应付款项等。由于债务需要按期偿还，因此各级工会在日常活动中要加强对债务的管理，确保工会职能的正常履行。

1. 负债的基本特征

（1）负债是基于过去的交易或事项而产生的

会计的基本属性是对特定主体已经发生的经济业务或者事项进行确认、计量和报告。对尚未发生或者正在发生的经济业务，不得作为会计核算的内容，除非有足够证据表明，正在发生或尚未发生的业务已经在事实上形成了会计核算主体的某种权利或者义务，并且权利与义务的金额能够较为准确的估计。工会负债也是一样，也是基于过去业务而发生的现实义务。

（2）负债是工会承担的现时业务

所谓现时业务是就当前的状态而言，这种业务具有不可撤销性，在将来约定的某个时间必须偿还。

（3）债务的偿还会导致未来资产的减少或者负债的增加

负债通常是在未来某一时日通过交付资产（包括现金和其他资产）或提供劳务来清偿，这样可能导致资产的减少或者以新的债务来进行替换。

2. 负债的分类

从不同的角度，负债有不同的划分方法（详细分类见图 1－3）。

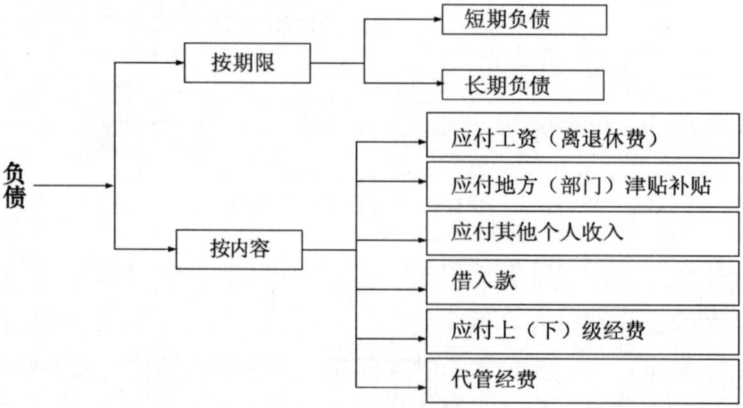

图 1－3　负债的分类

按照债务的支付期限，工会负债可以分为短期负债和长期负债，两者的最大区别是偿还期限不同。短期负债的偿还期限一般在 1 年以内，而长期负债的偿还期限一般超过 1 年。

由于工会属于“非营利组织”，除日常的正常工作活动中所形成的债务外，一般不会有其他债务，尤其是金融债务（但工会所属的事业单位可能例外，尤其是一些学校出于长远发展需要，经批准同意向金融机构借入期限比较长的债务，但工会行政机关几乎没有类似的债务行为）。因此，按期限划分，工会的债务一般都是短期债务，并且在约定的时间都有合理的资金保障，所以，工会财务活动发生财务风险的几率极低。尽管如此，各级工会在日常财务活动中也应加强对债务的管理。

除此以外，工会负债按照具体内容进行划分，还可以分为：应付工资（离退休费）、应付上（下）级经费以及代管经费等。此类负债都是基于工会日常活动形成，只不过是因为结算方式或核算时点的原因而产生的一些临时性的需要到期支付的债务，一般情况下属于工会的正常负债。

（三）净资产

净资产是指，工会的资产减去负债后的余额，它包括固定基金、在建工程占用资金、投资基金、专用基金、后备金、结余。

净资产是工会财力的重要体现，是评价工会理财能力的重要指标，是工运事业不断发展壮大的重要物质基础。确保净资产的增值不仅是各级工会的经济责任，更是政治责任。工会净资产具有如下特征：

1. 工会净资产具有非偿还性

净资产是工会组织无偿占有的经济资源，具有非偿还性。在工会组织的资产中，净资产和负债都是其拥有的经济资源。其中负债是需要偿还的，作为借入的经济资源，它将全部偿还给债权人，并额外支付给债权人一定的费用，且随着工会组织债务的清偿而消失，如银行借款、应付款项等。净资产则不同，由于工会组织具有公益性和非营利性的特点，其资金全部或大部分依照国家有关法律、法规等由财政预算拨付形成。作为开展业务工作所必备的重要条件，它是由工会组织各单位无偿占有和使用的经济资源，是不需要偿还的。

2. 工会净资产是工会按照国家法律法规的规定取得，是工会与其他组织（如政府、企业）之间的一种权益分配

净资产体现了资产所有者以及资产占有、使用者依法享有的权益。由于工会组织的净资产主要来源于依照法律法规所获取的工会经费，包括行政拨缴经费、财政拨款（或政府补助）、行政补助等，这些经费收缴行为一经完成，各级工会组织即拥有对这些资源的所有权、支配权。同时，净资产又是工会组织进行工作所需的物质基础，所以，工会组织依法享有对其净资产的控制权、占有权和使用权，以保证各项工作任务的顺利完成。工会组织净资产是工会与其他组织（如政府、企业）之间的一种权益分配。

（四）收入

收入是指，工会根据《工会法》以及有关政策规定开展业务活动所取得的非偿还性资金。收入按照来源分为会费收入、拨缴经费收入、上级补助收入、政府补助收入、行政补助收入、事业收入、投资收益、其他收入。

收入是工会组织开展活动的经济来源，各级工会组织应按照相关法律法规和制度的规定，广开财源，做到应收尽收，最大限度地保障工会活动的财力需要。

（五）支出

支出是指，工会为开展各项工作和活动所发生的各项资金耗费及损失。支出按照功能分为职工活动支出、维权支出、业务支出、行政支出、资本性支出、补助下级支出、事业支出、其他支出。支出是工会活动的直接体现，也是评价各级工会经费使用效率和效果的重要依据。各级工会应按照“服务职工、面向工会”的经费使用原则，提高经费使用的质量。

上述五个要素的平衡公式为：资产 = 负债 + 净资产。在不同的会计年度，不管经济活动如何变化，该等式永远成立，因此实务中也把该等式叫做“会计恒等式”。

理论上，导致工会资产变动的路径有两个：一是负债的变动，如工会组织在会计年度新增或者减少负债所导致的资产变动；二是净资产的变动，就工会组织而言，净资产变动主要依赖会计年度收支相抵后的结余大小而定。

对工会而言，比较理想的财务状况是：在负债总额一定的情况下，通过净资产的增加而导致资产的增加，而净资产增加的主要路径需要工会在支出一定时，广开财源，这也是为什么各级工会组织需要将经费收缴作为年度重要工作的原因。

七、工会会计核算程序

在工会会计核算中，核算程序见图 1 -4。

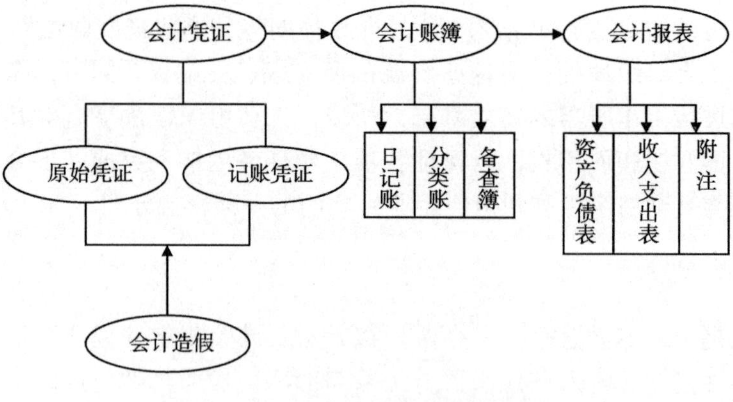

图 1 -4　常见会计核算程序示意图

图 1 -4 表明，工会会计核算的日常流程是“证—账—表”，一般情况下，只有当前一个程序完成以后，后一个程序才能开始。

会计凭证作为会计核算流程的起点，按照其记录的内容又有两个类别：一是记录经济业务发生的凭证，也叫原始凭证或者单据；二是根据原始单据，填制的记账凭证，即实际工作中的“下账”，而“下账”的依据就是会计制度。

原始凭证按照来源又可以分为外来原始凭证和自制原始凭证，前者如买东西的发票、银行提供的“授权支付到账通知书”以及上级工会的补助通知书（单）和下级工会经费收缴报告表等；后者如本级工会的工资发放表、物料领用表以及入库单、借据等。

按照要求，记账凭证应根据审核无误的原始凭证由会计人员编制。按照内容，记账凭证分为“收款凭证”、“付款凭证”和“转账凭证”三类。根据会计制度的规定，凡是涉及资金收入收款业务的，应填制收款凭证；涉及付款业务的，应填制付款凭证；如果业务既不涉及收款也不涉及付款，则填制转账凭证。

和会计凭证不同，会计账簿是在审核无误的记账凭证的基础上，对同一经济业务进行的连续登记。实务工作中，常见的会计账簿有日记账、分类账和备查簿；而按照账簿反映的信息详略程度，又可以分为总账和明细账。按照规定，工会的现金、银行存款日记账应由出纳根据审核无误的收款或者付款凭证填制，并做到“日清日结”；分类账则可以在结账前一次性处理；备查簿则应在经济业务发生时，记录主账户时同时登记。对工会而言，制度要求已经核销的资产需要建立备查簿，即“账销案存”，以加强已核销资产的管理。

第三个程序是工会会计报表。工会会计报表是反映各级工会财务状况、业务活动和预算执行结果的书面文件，也是各级工会领导、上级工会及其他会计报表使用者了解情况、掌握政策、指导工作的重要资料。工会组织应在规定的时间完成相关报表的编制和报送。制度规定，工会会计报表主要包括资产负债表、收入支出表和附注。

目前，绝大部分工会组织已经使用了电算化系统。因此，上述程序中有关记账凭证、账簿登记以及报表编制（不含附注）等内容实际上已经由财务人员在输入原始凭证后，由电算化系统自动完成。为确保会计核算的准确性、合规性，工会组织应建立和完善与电算化系统相适应的内部控制制度。

图1－4也表明，实际工作中的“会计造假”一般发生在“会计凭证”的处理阶段，所以，加强会计凭证管理，尤其是原始凭证的管理，已经成为提高工会会计信息质量的重要环节，各级工会应从遵守和执行财经纪律的角度，加强对会计凭证尤其是原始凭证的管理。

八、工会会计业务循环

工会业务活动是工会根据职能需要而开展的经费收取与应用的活动。按照工会经费的应用环节，工会业务有三个基本的业务循环（见图1－5）。

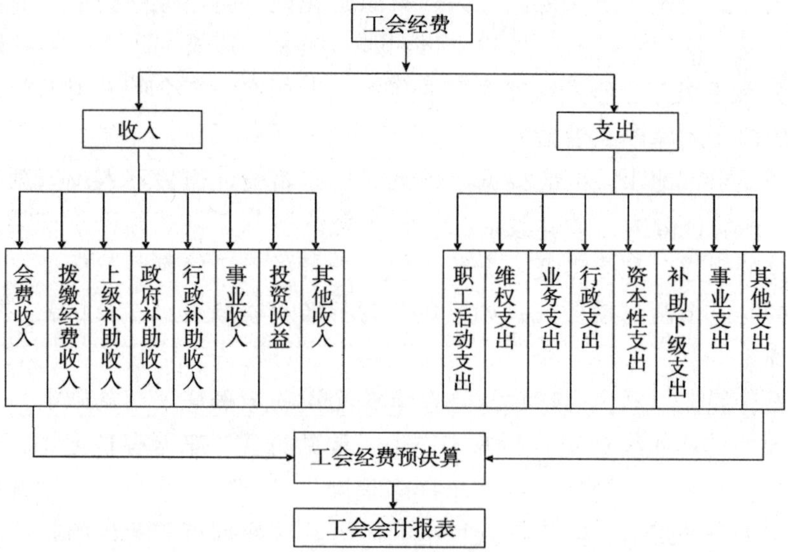

图1－5　工会业务循环示意图

图1－5表明，工会业务活动以经费为中心，通过工会经费预决的方式，确认、计量和报告工会的经济业务，并在规定的时间，提供工会会计报告，全面反映报告期间各级工会组织经费收支的有关情况以及由此形成的财务状况。

在图1－5的业务循环中，工会经费的收入涉及收入的渠道、性质和金额；而支出涉及经费的具体使用以及由此产生的相关业务，如固定购置、对外投资以及支付债务等。

各级工会在具体业务的会计核算中，要严格按照《工会会计制度》的规定进行，对制度未明确规定的业务，如同级行政提供给工会的资金等究竟如何核算，要根据资金的性质进行具体判断，而不是简单照搬业务的形式，以确保工会会计核算的合法性、合规性和公允性。

第二章　工会预算管理

预算是各级工会财务管理的重要内容，是各级工会“收好、用好、管好”经费的直接依据，是工会建立和完善会计核算的重要标准。工会预算年度自公历 1 月 1 日起至 12 月 31 日止。预算收支以人民币为计算单位。

一、工会预算管理概述

预算是各级组织聚合资源实现组织目标的直接依据，是组织在目标实现过程中可能的资源消耗规划，也是组织检验、评价和改进资源利用效率和效果的重要手段。按照组织的功能，预算可以分为“营利组织预算”和“非营利组织预算”两大类。和营利组织不同，非营利组织的预算具有“硬约束”的功能。也就是说，作为非营利组织，预算一旦确定，必须严格遵循，非经法定程序不得随意变更。

就功能上看，工会组织的预算属于非营利组织的范畴，因此，预算的法规性、强制性和严肃性不仅要贯穿财务管理的全过程，而且也是监督各级工会日常业务活动的直接依据。

（一）工会预算的特点

工会预算是经一定程序核定的工会经费年度收支计划，是收好、管好、用好工会经费的重要手段，是工会财务管理的重要内容，各级工会必须按照本办法办理工会预、决算。

工会预算具有三个基本特点：

1. 目的性

《工会预算管理办法》规定，编制工会预算的目的是“为了加强预算管理和宏观调控，强化分配和监督职能，保障工会社会职能的履行和工运事业的发展”。

2. 强制性

工会预算的编制依据是《工会法》和《预算法》等法律、法规，各级工会编制预算是法律的强制性要求，也是各级工会加强财务管理、会计核算和遵循国家统一的财经纪律等方面应有的义务。

3. 程序性

按照《工会预算管理办法》的规定，各级工会的预算必须经过一定的程序核定。实际工作中，各级工会预算编制与审批示意图见图2－1。

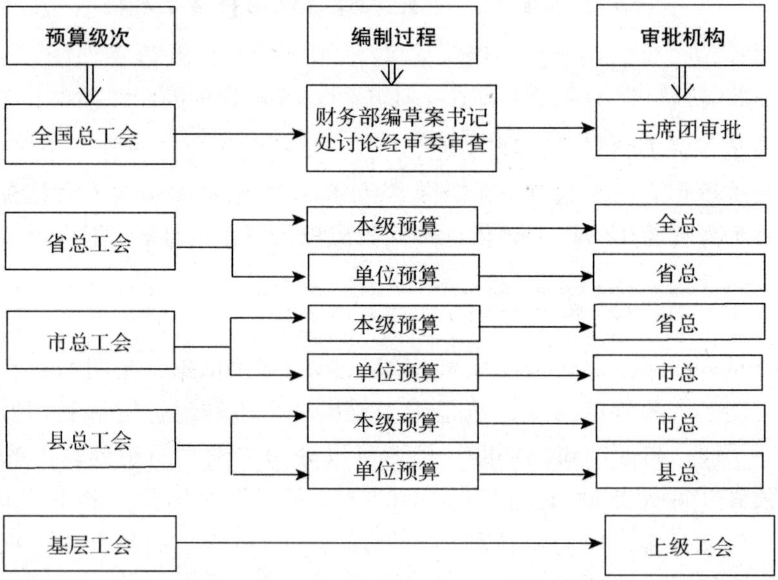

图2－1　预算编制与审批示意图

（二）预算管理的级次

根据“统一领导，分级管理”的工会财务管理体制，工会预算一般分为五级管理，即：全国总工会、省级工会、市级工会、县级工会、基层工会。

按照规定，各级工会的预算管理实行“下管一级”原则，也就是说，本级工会对下级工会预算编制的合法性、合理性和真实性进行审核和监督，下级工会应根据本级工会的意见或建议，对预算进行调整和完善，否则，本级工会有权不予批准。

为应对劳动关系的新情况和新问题，很多地方已经在村、镇或街道建立了工会组织。按照《工会预算管理办法》的规定，这些组织的预算管理级次可以由省级总工会根据本地实际情况确定后报全国总工会备案；与此同时，经全国总工会批准独立管理经费的中华全国铁路总工会、中国民航工会全国委员会、中国金融工会全国委员会，其预算管理级次由各自的产业工会确定后，报全国总工会批准；县级以上（含县级）工会对独立核算事业单位的补助及企事业单位按规定上缴的收益，按照《工会预算管理办法》的规定应列入本级预算，而未独立核算的事业单位，其经费收支则要全额列入本级预算。

（三）预算管理的职权

根据《工会预算管理办法》的规定，工会预算在内容上包括“本级预算”和“单位预算”两级。各级工会财务部门是本级预算管理的职能部门，具体负责本级预算管理工作。预算主体不同，预算管理的职权也存在差异。

1. 本级预算职权

本级预算是指，各级工会在本级次范围内工会经费收支（含所属建立预算管理关系的机关和单位）的总预算。其职权包括以下内容：

（1）编制本级预算、决算草案和预算调整方案。

（2）审批下一级工会和依靠本级供给经费的工会机关及所属独立核算企事业单位的预算、决算，汇总本级及所属各级工会的决算。

（3）组织本级预算的执行，按规定程序办理预算调整。

（4）监督、检查下级工会和依靠本级供给经费的工会机关及所属独立核算企事业单位的预算执行情况。

（5）协调处理工会与同级政府财政、税务等部门及其他有关部门在工会预算管理方面的政策和经济关系。

各级工会财务部门是本级预算管理的职能部门，具体负责本级预算管理工作。

2. 单位预算职权

单位预算是指，与本级预算有相关经费收支管理关系的工会机关、企事业单位的预算。单位预算的职权有：

（1）编制本单位预算、决算草案和预算调整方案。

（2）按照批准的预算，积极组织各项收入，合理安排各项支出，办理各项核算业务，保证预算任务的完成。

（3）指导、监督所属单位或部门核算单位的各项财务收支工作。

（4）按规定程序办理预算调整。

（5）定期向主管工会财务部门报告预算执行情况。

二、工会预算的编制

（一）工会预算的编制原则

工会预算管理是对工会预算的编制、审批、执行、调整及其结果进行组织实施和监督控制，是收好、管好、用好工会经费的重要手段。工会的年度预算应根据有关政策法规、上级工会要求，预算编制原则和本年度工会工作计划编制。实际工作中，各级工会预算管理应遵循以下原则：

1. 统筹兼顾，保证重点

在资源有限的情况下，各级工会在预算编制时，要做好财权与事权的配置，从工会年度工作的大局合理安排工会经费，与此同时，还应突出资源配置的重点，体现工会工作特点，优化经费支出结构，妥善处理服务职工权益和促进工运事业发展之间的关系，把资金使用的重点安排在维护职工权益、为职工服务和工会活动方面。

2. 量入为出，收支平衡

和所有非营利组织一样，工会组织的预算在本年度无重大支出项目时，不允许出现赤字，期末滚存经费结余不得出现赤字。对此需要严格遵循“量入为出”，坚持勤俭节约，按照收入来源，充分考虑本年度各项变动因素，依法、真实、完整、合理地编制。因此可见，在预算编制时，科学、合理地对收入预算进行估算十分重要。

3. 真实合法，精细高效

各级工会的预算必须以法律为依据，以业务为基础，做到内容真实、项目清晰、数据准确。

（二）工会预算的编报要求

1. 预算科目统一

按照规定，各级工会必须按全国总工会统一编制的表格填报，不得随意增减款、项科目（工会经费收支预算表见表2－1）。

表2－1　工会经费收支预算表

编制单位：　　（公章）　　（年度）　　报表日期：　年　月　日　　单位：元

科目		上年决算数	本年预算数	说明
编号	名称			
401	会费收入			
402	拨缴经费收入			
403	上级补助收入			
40301	回拨补助			

续表

科目		上年决算数	本年预算数	说明
编号	名称			
40302	专项补助			
40303	超收补助			
40304	帮扶补助			
40305	送温暖补助			
40306	救灾补助			
40307	其他补助			
404	政府补助收入			
405	行政补助收入			
406	事业收入			
407	投资收益			
408	其他收入			
	本年收入合计			
501	职工活动支出			
50101	职工教育费			
50102	文体活动费			
50103	宣传活动费			
50104	其他活动费			
502	维权支出			
50201	劳动关系协调费			
50202	劳动保护费			
50203	法律援助费			
50204	困难职工帮扶费			
50205	送温暖费			
50206	其他维权支出			
503	业务支出			
50301	培训费			
50302	会议费			
50303	外事费			

续表

科目		上年决算数	本年预算数	说明
编号	名称			
50304	专项业务费			
50305	其他业务费			
504	行政支出			
50401	工资福利支出			
50402	商品和服务支出			
50403	对个人和家庭的补助			
50404	其他行政支出			
505	资本性支出			
50501	房屋建筑物购建			
50502	办公设备购置			
50503	专用设备购置			
50504	交通工具购置			
50505	大型修缮			
50506	信息网络购建			
50507	其他资本性支出			
506	补助下级支出			
50601	回拨补助			
50602	专项补助			
50603	超收补助			
50604	帮扶补助			
50605	送温暖补助			
50606	救灾补助			
50607	其他补助			
507	事业支出			
508	其他支出			
	预备费			
本年支出合计				
本年结余				
	加：上年结余			

续表

科目		上年决算数	本年预算数	说明
编号	名称			
	加：本年收回投资			
	减：本年投资			
	减：本年提取后备金			
期末滚存结余				

工会主席：　　经费审查委员会主任：　　财务负责人：　　制表：

2. 及时上报

全国总工会每年10月提出下年度省级工会编制预算的要求。省、市、县级工会应根据上级工会编制预算的要求，结合实际进行部署，并按照上级工会规定的时间上报下年度预算。按照规定，各省级工会的本级预算（附工会机关预算），应在3月15日前报送全国总工会审批，全国总工会应于30个工作日内及时批复；市级以下（含市级）工会本级预算的报批时间，由省级工会确定。

3. 内容完整

各级工会上报本级预算时，应包含以下内容：

（1）上报时应附由本级工会供给经费的工会机关支出预算。

（2）应简要填列预算编制依据（在预算报表“编制依据及说明”栏内）；有预算定额标准的项目，要列出定额标准及计算公式，以便审核。

（3）跨年度的项目按当年所需资金，列入当年预算。

（4）预算说明书要全面完整，要有数据、有情况、有分析。

（5）本级预算编制后，要将预算说明书、预算报表及机关的支出预算，加装预算报表封面，整理装订成册。封面和表内各页均应加盖公章及有关人员名章。

（6）项目完整。预算项目凡涉及子目的，要相应填列完整。

（7）数字准确，预算收支表金额单位一律用“元”，小数点后保留两位。

4. 程序规范

各级工会的本级预算草案，由各级工会财务部门编制，应经同级工会经费审查委员会（经审委员）审查和本级工会委员会（或常委会）讨论通过后上报。

（三）工会预算的编制流程

编制预算是各级工会财务管理中非常重要的一环。实务工作中，预算编制的主要流程是：

1. 确定年度工作计划

工会预算的实质是对计划年度财权的配置，没有可行的年度工作计划，预算工作很难开展。在工作计划制定时，要统筹兼顾、突出重点，并需要综合考虑以下几个因素：

（1）上级工会的工作部署。

（2）同级党政对工会工作的基本要求。

（3）所在单位劳动关系的运行情况。

（4）工会建设和工运事业的发展情况。

2. 对计划年度经费收入进行估算

各级工会做年度经费估算的重要目的是确定年度可用的经费总额，以此为基础，为年度工作计划中的经费配置提供依据。具体估算时，各级工会应综合考虑计划年度经费的依据、来源、结构及其可实现程度等因素。

3. 各级财务部门根据年度工作计划和经费估算数编制预算草案

具体编制时，要注意两个问题：

（1）预算内容的范围。一般情况下，凡是由本级工会提供经费的所属企事业单位，其年度预算均应纳入本级预算进行编制。

（2）严格控制赤字。按照“量入为出、收支平衡”的预算编制原则，各级工会的年度预算一般不追求结余最大化。如果预算年度有重大支出项目，制度规定年度预算可以适度编制赤字预算，但期末滚存经费结余不得出现赤字。

4. 财务部门将预算草案提交经工会委员会（或常委会）讨论通过，并经本级经费审查委员会审查通过后，报上一级工会审批或备案。按照“下管一级”的预算管理原则，上一级工会有权对下级工会的年度预算提出修订的意见和要求，下级工会根据提出的意见和要求调整预算。依靠本级工会供给经费的工会机关及所属独立核算事业单位的预算草案由本级工会审批。

5. 根据上级工会审批（核）的预算，由本级工会委员会（或常委会）组织执行，本级工会财务部门具体负责预算的执行。

（四）工会预算的编制内容

1. 工会收入预算的内容

按照规定，工会预算编制包括收入预算和支出预算。工会收入预算有八项，具体有：（1）会费收入；（2）拨缴经费收入；（3）上级补助收入；（4）政府补助收入；（5）行政补助收入；（6）事业收入；（7）投资收益；（8）其他收入。

2. 工会支出预算的内容

按照规定，工会预算支出也有八项，具体包括：（1）职工活动支出；（2）维权支出；（3）业务支出；（4）行政支出；（5）资本性支出；（6）补助下级支出；（7）事业支出；（8）其他支出。

（五）工会预算编制的方法

总体上，“零基预算”是各级工会预算编制的基本方法，也就是说，各级工会在编制预算时，以前年度预决算的情况可以作为参考，但在编制本年度预算时，更多的是考虑年度的工作计划并以此为基础进行经费配置。

1. 经费收入的编制

（1）会费收入。会费收入是工会会员向所在工会依法依规所应缴纳的会费。中华全国总工会《关于收缴工会会费的通知》规定：会员应按月缴纳会费，缴费标准是会员每月工资收入0.5%。会费收入预算的关键是合理确定会员的每月工资收入。实际工作中，会员的工资收入一般按岗位工资和薪级工资的合计数进行计算。具体编制时，各级工会应考虑所在单位用工形式、会员人数和缴费会员基础工资的变化等，并作出相应的调整。

（2）拨缴经费收入。拨缴经费收入是工会收入的主要来源。在编制拨缴经费预算时，各级工会要考虑三个因素：一是预算年度工会经费拨缴义务人工资结构及其支付方式；二是预算年度工会经费拨缴义务人职工人数的变化；三是预算年度工会经费拨缴义务人工资成长性的变化。

（3）补助收入。按照补助的来源，各级工会获取的补助收入主要有政府补助收入、行政补助收入和上级工会补助收入。在预算编制时，要充分考虑预算年度各项补助的依据及其变化以及事前与相关补助提供单位的沟通情况。对于不确定性的补助项目，原则上不列入当年预算。

（4）事业收入。这部分预算是指各级工会所属独立或非独立核算单位在预算年度上缴本级工会的各项收入，其编制依据是本级工会与所属单位订立的上缴收入合约。

（5）投资收益。预算年度，如果各级工会持有的是有固定收入的投资品种，按照固定收入列入预算；如果与投资项目相关的收入存在较大不确定性，原则上可以不列入预算。

2. 经费支出的编制

（1）职工活动支出。按照规定，职工活动支出的项目有职工教育费、文体活动费、宣传活动费和其他活动费四项。具体编制时，要严格按照年度工作计划进行。实务工作中要注意两点：一是与职工活动相关的经费已经列入收入预算，才能编制相应的支出预算；二是对一些受行政委托开展的职工活动项目，原则上按照谁委托、谁付费，相应的经费不应列入支出预算。

（2）维权支出。按照规定，维权支出的项目包括劳动关系协调费、劳动保护费、法律援助费、困难职工帮扶费、送温暖费和其他维权支出六个项目。具体编制时，各级工会应考虑五点：一是所在单位或地方劳动关系的总体情况；二是所在单位或地区经济发展情况；三是所在单位或地区职工收入状况；四是所在单位或地区劳动安全状况；五是党政对各级工会帮扶工作的基本要求。

（3）业务支出。业务支出包括的项目有培训费、会议费、外事费、专项业务费和其他业务费。具体编制时，要考虑两点：一是工会年度工作计划；二是不同项目国家财经制度所规定的标准。

（4）行政支出。行政支出包括工资福利支出、商品和服务支出、对个人和家庭的补助以及其他行政支出四项。按照规定，各级工会，尤其是基层工会，其行政支出应由同级行政负担。具体编制时，各级工会要考虑两点：一是严格区分经费的承担方式，不属于本级工会承担的行政支出，比如专职人员的工资、办公场所等，不得列入预算；二是要明确各项行政支出的标准，尤其是对个人和家庭的补助等，应严格按标准进行。

（5）资本性支出。属于资本性支出的预算项目包括房屋建筑物构建、办公设备购置、专用设备购置、交通工具购置、大型修缮、信息网络购置和其他资本支出七项。具体编制时，各级工会要注意三点：一是与资本性支出相关的项目是否经过严格的审批，未经论证审批的资本性项目不允许编列；二是与资本性支出相关的项目所需的经费来源是否有保障，如果没有相应的经费作保障，相应的支出也不应列支；三是在经费保障不够的情况下，按照规定可以适度编制赤字预算，但前提是不得让滚存结余出现赤字。此外，房屋建筑物购建、专项设备购置、大型修缮等预算，需附经有关专业部门论证的可行性工程项目论证报告、立项批复、开工许可等相关文件，按照工程进度及资金状况编制当年预算。列入地方基本建设或更新改造计划的工程项目，应附地方政府或相关部门文件。

（6）补助下级支出。补助下级支出的项目包括回拨补助、专项补助、超收补助、帮扶补助、送温暖补助、救灾补助和其他补助七项。具体编制时，要关注的重点是与补助相关的依据是否明确，尤其是回拨补助的预算，需要严格按照经费分成的有关办法进行编列。

（7）事业支出。事业支出预算的编制严格按照本级工会与所属独立或非独立核算单位的合约进行。

（8）预备费。按照《工会预算管理办法》规定，能够在年度预算支出中列报预备费的仅限于县级以上工会，金额上需要控制在本级预算支出总额的5%以内，主要用于当年难以预见的特殊开支。

三、工会预算的执行与调整

（一）工会预算的执行

工会预算一经批准应严格执行。各级工会在预算执行过程中，要注意以下几个问题：

1. 责任明确

按照规定，各级工会预算由本级工会委员会（或常委会）组织执行，具体工作由本级工会财务部门负责。

2. 内容完整

按照批准的预算，各级工会在收入预算方面要做到“应收尽收”，对应取得的收入，在规定的时间按照规定的标准及时在工会系统内部进行汇缴，不得截留；在经费支出方面，要严格执行标准，不得办理超预算、超计划的拨款，不得越级办理预算拨款，不得擅自扩大支出范围，提高开支标准，不得以领代报，不得擅自改变预算资金用途。

3. 制度管财

各级工会要建立和完善与预算执行相关的管理制度，坚持制度管财。在预算的实际执行过程中，要明确责任，规范流程，加强核算、完善监督。凡是预算未列支的项目，非经法定程序，不得列支；凡预算列支的标准，非经法定程序，不得随意超标；凡是涉及专用资金的项目，按照“专款专用”的原则进行管理。

4. 过程监督

工会预算的执行过程中，要充分发挥经审机构的监督作用，要充分发挥职工群众的监督作用，要根据工会组织的内部工作规则，采取适当方式，将本级工会预算执行情况进行报告。

（二）预算的调整

规定要求，各级工会要认真执行上级工会批准的预算，未经规定程序批准不得变更。实际工作中，各级工会的预算调整分两种情况：

1. 预算总额不变，但预算项目发生改变或者需要追加项目的，各级工会应先将变更事项报有关部门审核，并报工会委员会（常委会）或主席办公会议同意后，在年度预算内调整或动用预算预备费。

2. 因特殊情况导致预算收支总额需要增减变动的，各级工会应编制预算调整方案，调整的次数原则上每年以一次为限。预算调整方案的编制、审批与预算编制审批程序相同。

四、工会决算

工会决算是工会收支预算的执行结果。各级工会应按上级工会的要求编制年度决算。决算未经批准前，称为决算草案。

（一）工会决算的编制要求

1. 格式统一、口径一致

按照要求，各级工会的决算报表由全总统一规定，报表项目不得随意增减（工会经费收支决算表见表2－2）。

表2－2　工会经费收支决算表

编制单位：　　（公章）　　（年度）　　报表日期：　年　月　日　　单位：元

科目		核定预算数	决算数	完成预算%	说明
编号	名称				
401	会费收入				
402	拨缴经费收入				
403	上级补助收入				
40301	回拨补助				
40302	专项补助				

续表

科目		核定预算数	决算数	完成预算%	说明
编号	名称				
40303	超收补助				
40304	帮扶补助				
40305	送温暖补助				
40306	救灾补助				
40307	其他补助				
404	政府补助收入				
405	行政补助收入				
406	事业收入				
407	投资收益				
408	其他收入				
本年收入合计					
501	职工活动支出				
50101	职工教育费				
50102	文体活动费				
50103	宣传活动费				
50104	其他活动费				
502	维权支出				
50201	劳动关系协调费				
50202	劳动保护费				
50203	法律援助费				
50204	困难职工帮扶费				
50205	送温暖费				
50206	其他维权支出				
503	业务支出				
50301	培训费				
50302	会议费				
50303	外事费				
50304	专项业务费				
50305	其他业务费				

续表

科目		核定预算数	决算数	完成预算%	说明
编号	名称				
504	行政支出				
50401	工资福利支出				
50402	商品和服务支出				
50403	对个人和家庭的补助				
50404	其他行政支出				
505	资本性支出				
50501	房屋建筑物购建				
50502	办公设备购置				
50503	专用设备购置				
50504	交通工具购置				
50505	大型修缮				
50506	信息网络购建				
50507	其他资本性支出				
506	补助下级支出				
50601	回拨补助				
50602	专项补助				
50603	超收补助				
50604	帮扶补助				
50605	送温暖补助				
50606	救灾补助				
50607	其他补助				
507	事业支出				
508	其他支出				
预备费					
本年支出合计					
本年结余					
	加：上年结余				
	加：本年收回投资				
	减：本年投资				

续表

科目		核定预算数	决算数	完成预算%	说明
编号	名称				
	减：本年提取后备金				
期末滚存结余					

工会主席： 经费审查委员会主任： 财务负责人： 制表：

在决算汇编口径方面的具体要求：

（1）省辖市级（地、州、盟）工会汇总时，将本级工会的决算填入“市级工会”栏内，根据县（市、市辖区、旗）工会的本级决算汇入“县级工会”栏内，根据县（市、市辖区、旗）工会上报的基层工会汇总决算和市（地、州、盟）直基层工会的汇总决算汇入“基层工会”栏内。

（2）省（自治区）工会汇总时，将本级决算填入“省级工会”栏内，将市（地、州、盟）工会和省产业（局）工会的决算，填入“市级工会”栏目，县级工会决算汇总填表入“县级工会”栏目，根据省直基层和市、县所属基层汇总填表入“基层工会”栏目。

（3）直辖市工会汇总时，将本级决算填入“省级工会”栏内，将区（局）工会的本级决算和直辖市所属县总工会决算，汇总填入“市级工会”栏中，根据市直和区（县）局的基层汇总列入“基层工会”栏内。

（4）全国铁路总工会、中国民航工会、中国金融工会汇总时，将本级决算填入“省级工会”栏内，基层工会汇总决算填入“基层工会”栏内。

（5）中央国家机关工会和中直机关工会汇总时，将本级决算填入“省级工会”栏内，基层工会汇总决算填入“基层工会”栏内。

（6）全国总工会汇总时，将本级决算填入“全国总工会”栏内，并根据省级工会上报的汇总决算进行汇总。

2. 内容完整

各级工会在编制决算草案时，应重点关注预算的完成情况，除说明应汇和实汇的单位外，主要是运用结构分析和对比分析的方法，对各级工会经费收、交的状况作综合性检查、分析；重点分析工会经费收、支构成变动情况和问题，为领导制定政策，改进工作提供参考。

3. 逐级汇总、及时上报

按照规定，各级工会的决算，应按上级工会的要求逐级汇总上报；省级工会的本级决算，应在 3 月 15 日前报送全国总工会审批，全国总工会应于 30

个工作日内及时批复；市级以下（含市级）工会决算的报批时间，由省级工会确定。

（二）工会决算的编制程序

1. 核算完整

各级工会在编制决算时，应对当年发生的经济业务全面核算，对未入账的事项，要及时入账；因特殊原因导致入账依据无法取得的，要按规定的程序进行报批并寻求处理意见。

2. 账务清查

各级工会在编制决算时，应首先对当年的账务进行清理，并通过判断、核对等方式，做到账证、账账、账实和账表相符。

3. 程序规范

按照规定，本级决算应经同级工会经费审查委员会（经审委员）审查、本级工会委员会（或常委会）讨论通过后上报。

4. 账务调整

各级工会应根据决算审批意见，做好账务调整。

五、预算监督

工会预算是各级工会开展业务活动的依据，也是工会“依法聚财、合理用财、科学管财”的重要体现。加强工会预算的监督，既是各级工会日常工作的重要内容，也是贯彻落实中国特色社会主义工会发展道路的根本要求。

（一）监督主体

现有规定表明，工会预算的监督主体有四个：一是各级工会财务部门负责监督检查下级工会和本级工会所属单位预算的执行；二是各级工会的预算、决算要接受同级工会经费审查委员会的审查审计监督。预算执行情况要接受上一级工会经费审查委员会的审计监督；三是国家审计部门对工会预算进行的监督；四是职工群众监督。

（二）监督内容

1. 合法性。监督主体对工会预算合法性的监督主要围绕编制依据是否明确、编制程序是否完善、编制内容是否完整、执行过程是否合法。

制度规定，擅自改变预算资金的性质和使用范围，截留挪用项目资金；隐瞒收入，虚列支出，造成会计信息严重失真；擅自决定重大开支项目等行为的，上级工会应责令其作出检查，并要求纠正。情节严重，造成经济损失的，对负有直接责任的负责人和相关人员，按照国家法律法规和工会的有关规定追究其责任。

2. 合规性。监督主体对工会预算合规性的监督主要是审查预算执行是否与批准的预算相符，是否存在超预算的行为等。

3. 绩效性。监督主体要对各级工会预算执行的绩效进行必要的审查，对重点工作、重点项目的经费配置及其使用效果要进行评价，以更好地发挥工会经费在服务职工和促进工运事业发展中的重要作用；同时，加强工会预算绩效性监督，也有助于改进各级工会的决策能力和管理能力，不断提升工会在新形势下的履职能力。

第三章　工会流动资产核算

按照流动性，工会资产分为流动资产和非流动资产（长期资产）两大类。工会流动资产是指，工会拥有或者控制的、能够以货币计量的、预计在一年内（含一年）变现或者耗用的资产。它主要包括货币资金、借出款、应收款项、库存物品等。

一、工会流动资产核算的基本要求

（一）按照流动资产的具体类别，建立和完善与之相关内部控制体系，确保流动资产的安全和完整

各级工会在进行流动资产核算时，建立和完善内部控制制度十分必要，它可以确保流动资产核算的真实、完整和准确。

各级工会应当建立健全内部控制体系，完善岗位责任制度和内部稽核制度。实务工作中，各级工会在建立与流动资产有关的内部控制体系时，应注意以下几个问题：

1. 明确资产类别，根据流动资产属性的不同类别建立与之相应的内控制度

按照规定，工会的流动资产类别主要包括货币资金、借出款、应收款项、库存物品等。

2. 货币资金的内部控制基本要求

对工会而言，货币资金是流动性最强的流动资产。实务工作中，货币资金支付应作为内部控制的重点，为确保货币资金的安全和完整，根据有关规定，货币资金内控制度的关键点包括：

（1）不相容岗位相互分离、制约和监督。出纳人员不得兼任稽核、会计档案保管和收入、支出、费用、债权债务账目的登记工作，单位不得由一人办理货币资金业务的全过程。

（2）经办货币资金业务的人员应当具有良好的职业操守和与业务相适应的专业能力，并根据具体情况采取轮岗措施。

（3）建立和完善货币资金业务的授权和审批制度，明确审批人对货币资

金业务的授权、批准方式、权限、程序、责任和相关控制措施，规定经办人的职责范围和工作要求。

（4）库存现金实行限额管理，现金管理做到“日清日结”，不定期盘点或监盘。

（5）严格按照规定办理银行资金结算，遵守银行结算纪律。

（6）建立和完善与货币资金相关的票据管理，明确各种票据的购买、保管、领用、背书转让、注销等环节的职责和权限，并通过备查簿等方式，防止空白票据的遗失和盗用。

（7）建立和完善银行预留印鉴的管理，财务专用章应由专人保管，个人名章必须由本人或其授权的人员保管，严禁一人保管支付款项所需的全部印鉴。按规定需要有关负责人签字或盖章的经济业务，必须严格履行签字或盖章手续。

（8）建立和完善与货币资金业务相关规定的执行情况的监督制度，尤其是要对岗位设置是否科学、授权程序是否规范、票据和印鉴的管理是否符合规定等事项进行重点监管。

办理货币资金支付的业务流程见图 3－1。

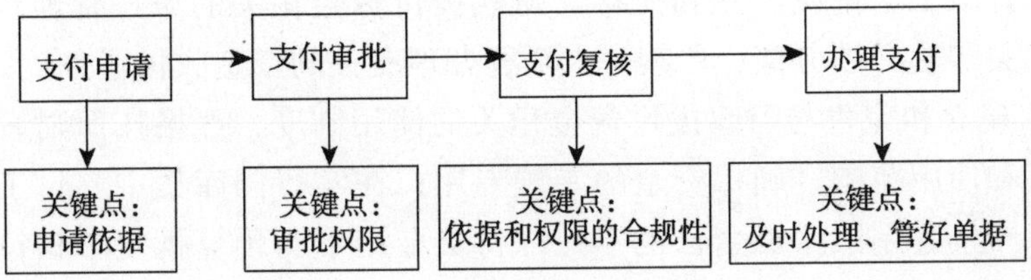

图 3－1　货币资金支付业务办理流程

3. 与财政拨款资金相关的内部控制基本要求

早在 1979 年，国家计委、财政部、国家建委、国家物资总局等五部委就下发了《关于妥善解决各级工会房屋、设备问题的通知》。同年，财政部和全国总工会下发了《关于县以上工会房屋修缮费由各级财政统筹解决的通知》。1985 年，国家计委、财政部、全国总工会联合下发了《关于重申妥善解决各级工会房屋、设备问题的通知》。1986 年，国务院办公厅转发了全国总工会《关于县以上各级工会所需房屋仍由同级政府解决报告的通知》。《工会法》第四十五条规定，工会办公和开展活动的设施和场所等物质条件，应当由各级人民政府和企业、事业单位、机关解决。其中，基层工会办公用房，文艺、体育、教育和服务等活动场地设施、设备及其维修、水、电、取暖费等费用，均由同级行政解决。中华全国总工会、财政部《关于财政拨款的行政事业单位计拨工会经费有关问题的通知》（总工发〔2003〕25号）也规定，各级财政部门要将应由财政负担的工会经费列入财政预算；有条件的地区在推行财政国库管理制度改革时，可考虑根据当地财政部门的规定，对工会经费实行国库集中支付。

上述这些规定说明，尽管改革开放以来中国劳动关系出现了市场化、合约化等新特征，但职工群众作为国家主人翁的地位没有变化，中国工会代表和维护职工权益的职能没有变化，各级人民政府和企事业、行政单位为工会开展活动提供必要的物质条件是我国的一贯政策，也不应随着中国劳动关系的市场化而有所改变。各级工会在涉及与财政预算有关的资金中，应建立和完善相关的内部控制制度，严格按照《预算法》、《会计法》等相关法律法规的规定，办理与财政预算相关的经费业务，具体包括：

（1）建立和完善与财政预算相关的制度，确保数据准确、内容合法、程序合规。

（2）建立和完善与财政资金拨付的银行账户的管理。随着国库支付改革的进行，一些地区实施了国库的集中支付，有些地方还用“零余额用款额度”账户替换单位的银行账户。不管何种形式的财政拨款方式、是否有独立的银行账户，各级工会都应建立和完善与财政拨付资金相关的账户管理，与资金支付的相关印鉴必须分离，严禁一人全程办理有关的资金收付业务。

（3）建立和完善与财政拨付资金相关的使用制度，严格按照财政预算的批复额度和使用范围，确保资金的专款专用；在实行国库集中支付工会经费的地区，严禁套用国库资金，也不允许将资金用于与预算批复不相符的项目（工会与财政拨付资金业务流程图见图3－2）。

4. 借出款的内部控制基本要求

借出款是工会因开展工作或发展工运事业的需要而出借给其他工会或工会所属单位的款项。由于工会组织的资金具有明确的来源和严格的用途并已经纳入预算进行严格管理，因此，各级工会应建立和完善借出款项管理制度，确保借出款项的安全和完整。

（1）借出款的范围只能是工会系统，严禁跨系统将工会资金借出。

（2）借出款的用途必须与工会工作有关，严禁与工会工作无关的款项借出。

（3）借出款必须建立严格的审批程序和收益收缴制度，在确保借出款项安全完整的同时实现增值。

（4）借出款项必须符合国家法律、法规的相关规定。

（5）工会系统的借出款项必须与债务人签订具有法律效力的借款合同，合同应明确所借款项的用途、收益、偿还期限以及违约责任。

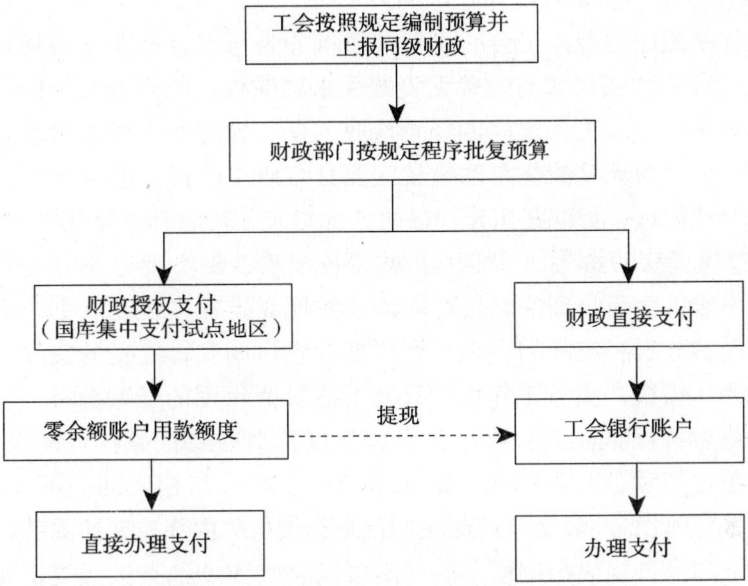

图3－2　工会与财政拨付资金业务流程图

（6）各级工会应对借出款严格控制，健全手续，及时清理，不得长期挂账。对确实无法收回的借出款项，应按规定程序批准后进行核销，并建立“账销案存”制度进行后续管理，必要时应追究借出款项损失的管理责任。

借出款内部控制示意图见图3－3。

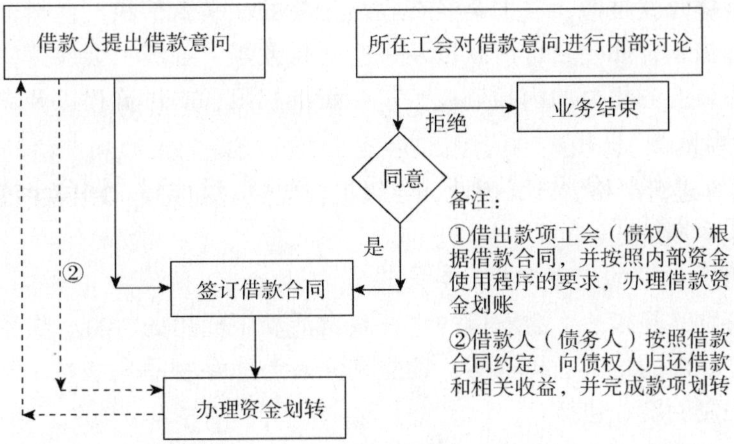

图3－3　借出款办理业务流程

5. 往来款债权业务的内部控制基本要求

按照往来款的内容，工会的往来款债权分为与工会经费（包括建会筹备金）有关的往来款债权和与经费无关的往来款债权。与经费有关的往来款债权主要体现在上下级工会之间的经费应收问题，如应收上级经费或者应收下级经费等；与经费无关的往来款债权主要是各级工会因一些业务活动需要而形成的临时性债权，如职工出差预借的差旅费或者其他资金等。

（1）与经费有关的往来款债权的内部控制基本要求

由于本级工会所收到的经费可能需要按照规定在本级或者下级之间进行分解，而经费分解和实际的资金到账可能存在时间差，经费的实际拥有者可能会因此确认债权。实务工作中，只要不涉及跨年度的经费分解，可以在直接收到资金后再确认收入；如果涉及跨年度，则需要按照权责发生的要求，在确认相关往来款债权的同时，确认本级经费收入和相应的债务（应付上、下级经费）。因此，与经费分解相关的往来款债权的内部控制的关键点是：

①建立和完善相应的制度，确保本级工会收到的经费按照规定比例在不同工会级次间分解。

②为确保经费的准确性，本级工会应建立和完善与经费有关的相关工会之间的定期核对制度。

③建立和完善与经费收缴报告相关的各项制度，包括编制、复核和审批等，确保不同级次间工会经费核算的准确性。

（2）其他应收款的内部控制基本要求

其他应收款是指，与工会经费收缴无关的往来款债权，包括个人与单位的临时性借款，如差旅费借款以及一些暂付款等。各级工会应建立和完善与其他应收款业务相关的内控制度，包括审批权限、支付流程以及支付内容等（业务流程见图3-4）。

另外，各级工会应对其他应收及暂付款项严格控制，健全手续，及时清理，不得长期挂账。

6. 库存物品的内部控制基本要求

库存物品是指，工会取得的将在日常活动中耗用的材料、物品及达不到固定资产标准的工具、器具等。建立和完善与库存物品完整性、安全性相关的内部控制制度，包括：

（1）库存物品的采购审批制度。未经审批，不得采购。

（2）完善库存物品的验收入库、领用以及使用责任制度。

（3）建立和完善与库存物品采购、入库和使用的会计核算制度。

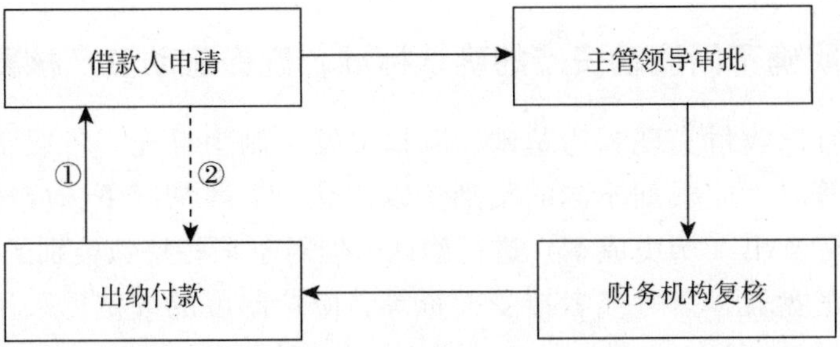

备注：
①出纳根据审批意见向借款人支付资金或开具支票等结算票据。
②借款人完成与借款事项相关业务后还回现金或提供单据经批准后报账。

图 3－4　其他应收款业务流程图

（4）建立和完善库存物品清查制度，确保账实相符；对账实不符的库存物品，必须按规定程序进行审批并进行相应的核算。

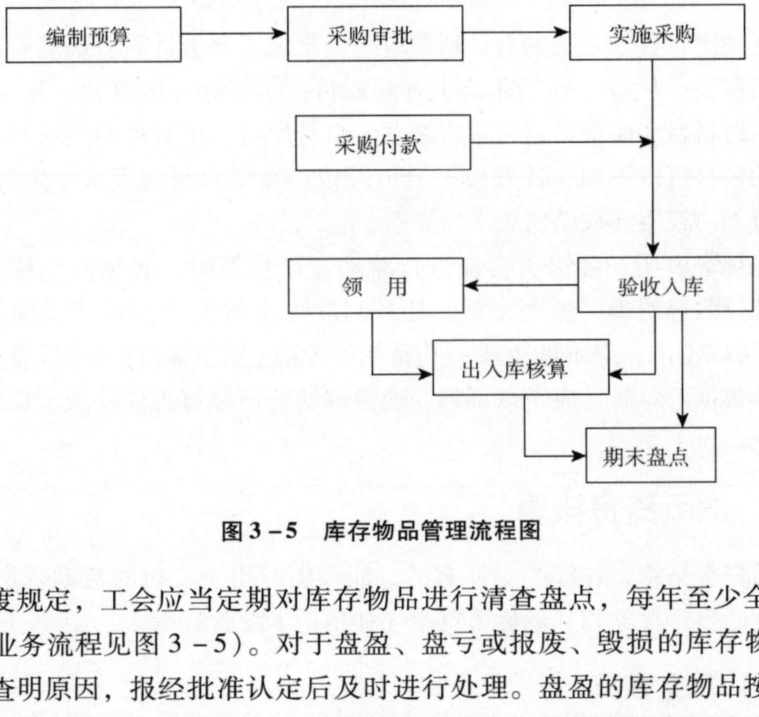

图 3－5　库存物品管理流程图

制度规定，工会应当定期对库存物品进行清查盘点，每年至少全面盘点一次（业务流程见图 3－5）。对于盘盈、盘亏或报废、毁损的库存物品，应当及时查明原因，报经批准认定后及时进行处理。盘盈的库存物品按照其公允价值入账，并计入当期收入；盘亏的库存物品，将其账面余额计入当期支出。报废、毁损的库存物品，先扣除残料价值、可以收回的保险赔偿和责任人赔偿等，将净损失计入当期支出。

（二）明确不同流动资产的确认标准，确保流动资产核算的完整性

工会会计以收付实现制为基础，以权责发生制为补充。各级工会在进行流动资产核算时，应根据不同的类别予以确认。一般情况下，应按照取得流动资产的实际支出（历史成本）进行确认，但对于某些特殊类别的流动资产，如库存物品的盘盈、盘亏或者接受投资等，应按制度的规定，采用相应的确认方法进行计量。

另外，为确保流动资产核算的准确和完整，对有实物形态的流动资产，如库存物品，和有往来款单位的流动资产，如其他应收款，应建立相应的明细账进行核算，必要时，还可以建立备查簿，详细记录相关流动资产的增减变动的原因等事项，为流动资产的管理提供基础。

（三）规范科目设置，确保资产核算方法一致、口径相同、信息可比

制度规定，各级工会的会计核算应统一规定工会会计科目的名称和编号，以便于编制会计凭证、登记账簿、查阅账目，实行会计电算化。凡是制度已规定的一级科目和明细科目，不得减并、自行增设，不得擅自更改科目名称，不需要的科目可以不用；各省级工会可以根据需要自行增设未规定的明细科目，或将相应权限授权给所属下级工会。

这些规定表明，各级工会在进行流动资产核算时，必须做到科目统一、核算规范、内容明确、要素完整。凡是制度规定的统一科目（含明细科目，下同），可以不用，但不能更改；凡是制度没有规定的科目，可以自行增设，但在相关数据汇总时，应予以调整，确保流动资产核算方法一致、口径相同、信息可比。

二、货币资金核算

货币资金是指，各级工会持有的，能够随时用于支付的流动资产，包括库存现金、银行存款和其他货币资金（如信用卡存款）等。

（一）现金核算

1. 科目设置

制度规定，工会组织应设置“库存现金”科目，全面记录和反映工会组织的现金收付业务。其中，该科目的借方表示收到现金（现金增加），贷

方表示支付现金（现金减少），期末余额在借方，反映工会实际持有的库存现金。

2. 账务处理

实际工作中，与库存现金相关的主要账务处理有：

（1）从银行提取现金，借记本科目，贷记“银行存款”科目；将现金存入银行，借记“银行存款”科目，贷记本科目。

例3.1：某工会从开户行提取现金5 000元备用，根据现金支票存根和有关提现的审批文件，编制会计分录：

借：库存现金　　5 000

　贷：银行存款　　5 000

例3.2：某工会出纳将超过库存现金限额的资金15 000元送存开户银行，根据银行开具的存款单据，编制会计分录：

借：银行存款　　15 000

　贷：库存现金　　15 000

（2）因支付内部职工出差等原因所需的现金，借记“其他应收款”科目，贷记本科目；收到出差人员交回的差旅费剩余款并结算时，按实际收回的现金，借记本科目，按应报销的金额，借记“行政支出”等有关科目，按实际借出的现金，贷记“其他应收款”科目。

例3.3：某工会干部王晨因外出培训需要，经批准借用现金10 000元。根据内部借款审批单据，编制会计分录：

借：其他应收款—王晨　　10 000

　贷：库存现金　　10 000

例3.4：一周后，工会干部王晨培训结束，实际发生与培训有关的费用8 500元，并将剩余的现金交回。根据经审核同意报销的相关培训发票和内部现金收据，编制会计分录：

借：业务支出—培训费　　8 500

　　库存现金　　1 500

　贷：其他应收款—王晨　　10 000

如果实际发生培训费11 000元，则应根据经批准报销的培训单据实报实销，并补足现金，编制会计分录：

借：业务支出—培训费　　11 000

　贷：其他应收款—王晨　　10 000

　　　库存现金　　1 000

（3）因其他业务收到现金，借记本科目，贷记有关科目；支出现金，借记有关科目，贷记本科目。

例3.5：某工会清理变卖废旧报纸取得现金500元。根据内部的相关单据，编制会计分录：

借：库存现金　　500

　贷：其他收入　　500

例3.6：某工会组织职工年度羽毛球比赛共支付费用共计8 000元。根据有关单据，编制会计分录：

借：职工活动支出—文体活动费　　8 000

　贷：库存现金　　8 000

（4）外币现金业务的处理

制度规定，有外币现金的工会，要按照收到外币现金时的即时汇率折算为人民币金额记账，并设立辅助账登记外币现金的币种、外币金额、即期汇率、折算后的人民币金额及来源简要说明等。

例3.7：某工会干部李芳交回外事活动结余现金1 000美元，当日的汇率为6.5。根据有关单据，编制会计分录：

借：库存现金　　6 500（1 000×6.5）

　贷：其他应收款—李芳　　6 500

（5）现金"短缺"或"溢余"的处理

制度要求，工会的现金核算应设置"现金日记账"，由出纳人员根据收付款凭证，按照业务发生顺序，逐笔登记，每日终了，应计算当日的现金收入合计数、支出合计数和结余数，并将结余数与实际库存数进行核对，做到账款相符。

每日终了结算现金收支、财产清查等发现现金短缺或溢余的，应当及时查明原因，并根据管理权限，报经批准后，在期末结账前处理完毕，这包括以下几种情况：

①如为现金短缺，属于应由责任人等赔偿的部分，借记"其他应收款"科目，贷记"库存现金"科目；属于无法查明的其他原因部分，借记"其他支出"科目，贷记"库存现金"科目。

例3.8：某日，某工会组织对现金进行盘点，现金日记账余额为4 000元，实际盘点数为3 500元，现金短缺500元。根据该工会组织财务制度规定，出纳刘素是现金管理的直接责任人。盘点结束，根据现金盘点表编制会计分录：

借：其他应收款—刘素　　500

　贷：库存现金　　500

随后，工会财务部门对现金短缺问题进行了调查。调查发现，会计做账时漏记了当期购买职工活动所用宣传品支出500元发票。报领导批准后，编制会计分录：

借：职工活动支出—宣传活动费　　500

　贷：其他应收款—刘素　　500

②如为现金溢余，属于应支付给有关人员或单位的部分，借记“库存现金”科目，贷记“其他应付款”科目；属于无法查明的其他原因部分，借记“库存现金”科目，贷记“其他收入”科目。

例3.9：某工会财务部门月末对库存现金进行盘点，账面余额为3 600元，盘点数为3 800元，多出现金200元。根据该工会组织财务制度规定，出纳王璇是现金管理的直接责任人。根据盘点表，编制会计分录：

借：库存现金　　200

　贷：其他应付款—王璇　　200

在随后的原因清查中发现，该款项属于日常活动中零星票据找赎后的剩余，不用再进行支付。报领导批准后，编制会计分录：

借：其他应付款—王璇　　200

　贷：其他收入—现金溢余　　200

期末，应将“库存现金”期末余额直接填报在资产负债表中的“库存现金”项目。

（二）银行存款核算

银行存款业务主要是工会组织在日常活动中因业务需要通过开户银行办理的资金收付。各级工会组织应当严格按照国家有关支付结算办法的规定，正确办理银行存款收支结算，加强银行账户的管理，不得出租、出借银行账户；为保障银行资金的安全，各级工会还应建立和完善与银行结算相关的印鉴和票据管理制度，严禁一人全程办理与银行存款收付相关的业务。

1. 科目设置

对工会在日常活动中发生的涉及银行结算资金业务的核算，制度规定应设置“银行存款”科目，核算工会存入银行或其他金融机构的各种款项，包括活期存款、定期存款等。该科目的借方记录银行存款的增加（收入），贷方记录银行存款的减少（支付），期末余额在借方，反映工会实际存在银行或其他金融机构的款项。

实际工作中，为便于工会经费在不同级次之间的归集和划转，制度规定，相应级次的工会可以根据实际情况在“银行存款”科目下设置“经费集中户”和“基本户”等明细科目。设置“经费集中户”的工会，应当先在“经费集中户”中归集工会经费，再按规定将属于本级工会的经费转入本级工会“基本户”，属于上级或下级工会的经费上缴上级工会或转拨下级工会。

2. 账务处理

实际工作中，银行存款的主要账务处理如下：

（1）将现金存入银行，借记本科目，贷记“库存现金”科目；从银行提取现金，借记“库存现金”科目，贷记本科目（实务举例参见例3.1和例3.2）。

（2）通过银行转账方式取得工会经费，借记本科目，贷记“拨缴经费收入”、“应付上级经费”、“应付下级经费”科目。

实际划转本级以外的工会经费时，应借记“应付上级经费”或“应付下级经费”，贷记“银行存款—经费集中户”。

如果没在“银行存款”科目下设置“经费集中户”明细科目，那么在收到经费时全部计入“银行存款”科目的借方；转拨下级工会或上缴上级工会经费时，贷记“银行存款”科目。

例3.10：某集团公司收到行政按工资总额2%划拨的工会经费50万元，按照工会经费分成比例的规定，该工会经费60%应下拨到集团公司二级单位的工会，10%属于本级工会，其余30%应上缴集团公司所在地的市级工会，该公司工会银行存款科目下设有“基本户”和“经费集中户”两个明细科目。根据银行提供的工会经费结算单据及分成比例，集团公司工会编制会计分录：

借：银行存款—基本户　　50 000（50万×10%）
　　银行存款—经费集中户　　450 000［50万×（1－10%）］
　贷：拨缴经费收入　　50 000
　　　应付下级经费—二级单位工会　　300 000（50万×60%）
　　　应付上级经费—市总工会　　150 000（50万×30%）

实际上解上级工会经费和回拨下级工会经费时，按照银行提供的经费划转结算单据，编制会计分录：

借：应付上级经费—市总工会　　150 000
　　应付下级经费—二级单位工会　　300 000
　贷：银行存款—经费集中户　　450 000

实际工作中，工会也可以不在银行存款中开设“经费集中户”明细科目，那么上例中的会计核算为：

借：银行存款　500 000

　贷：拨缴经费收入　　　　　　　　50 000（50 万 ×10%）

　　应付下级经费—二级单位工会　　300 000（50 万 ×60%）

　　应付上级经费—市总工会　　　　150 000（50 万 ×30%）

实际划拨上下级经费时，按照银行提供的经费划转结算单据，编制会计分录：

借：应付上级经费—市总工会　　　　150 000

　应付下级经费—二级单位工会　　300 000

　贷：银行存款　450 000

（3）通过银行转账方式取得相关收入，借记本科目，贷记“上级补助收入”、“政府补助收入”、“行政补助收入”、“事业收入”、“投资收益”等科目。

例 3.11：某工会收到上级工会送温暖补助款 15 万元。根据按银行收款单，编制会计分录：

借：银行存款　150 000

　贷：上级补助收入—送温暖补助　　150 000

如果是上级工会的补助通知书，而相关款项尚未进入开户行的，则应编制会计分录：

借：应收上级经费—应收上级补助　　150 000

　贷：上级补助收入—送温暖补助　　150 000

实际收到该笔资金时，则应编制会计分录：

借：银行存款　150 000

　贷：应收上级经费—应收上级补助　　150 000

（4）通过银行转账方式支付各项支出，借记“职工活动支出”、“维权支出”、“业务支出”、“行政支出”、“资本性支出”、“补助下级支出”、“事业支出”等科目，贷记本科目。

例 3.12：某工会年末按照合同规定向律师事务所支付法律援助费 10 万元。根据合同、银行结算单据和律师事务所出具的收款发票，编制会计分录：

借：维权支出—法律援助费　　100 000

　贷：银行存款　100 000

（5）收到银行存款利息，借记本科目，贷记“其他收入”科目。

例 3.13：月末，某工会收到利息清单显示存款利息为 25 000 元，根据利息单据，编制会计分录：

借：银行存款　　25 000

　贷：其他收入　　25 000

3. 银行存款期末对账

各级工会应按开户银行、存款种类分别设置“银行存款日记账”，由出纳人员根据收付款凭证，按照业务的发生顺序逐笔登记，每日终了应结出余额。“银行存款日记账”应定期与银行对账，至少每月核对一次，如有差额，应编制“银行存款余额调节表”，将之调节相符。

银行存款日记账与银行对账单出现数字不一致的主要原因是，对同一笔资金，工会和开户银行在入账时间上存在差异，即所谓的“未达账项”。

如，2013 年年末，某工会的出纳小张发现银行存款日记账上的余额，与从银行打印的对账单的余额不一致。12 月 31 日银行存款日记账余额105 000 元，而同日银行对账单余额 96 000 元。经检查，小张确认自己的存款日记账没有错误，这是怎么回事？

假如上面的案例中，下列事项银行有记录已确认，但单位银行日记账中尚未确认：（1）31 日，银行收到某单位归还工会的借款 5000 元；（2）银行代工会支付水电费 2000 元；单位已确认有记录而银行未确认；（3）工会于本月 31 日开出支票 15000 元，支付××商店货款；（4）工会收到支票 3000 元尚未送存银行。

未达账项的形成主要是因为对同样一笔业务，银行和单位办理过程中存在“时间差”，如（1）和（2）中银行已经收到或付出款项，并已入账，但收款通知联和付款通知尚未送到单位，所以单位没有入账；而（3）和（4）中企业虽已经支付款项并取得凭证入账，但收款单位尚未到银行办理转账手续而造成银行未入账。针对这种情况，工会应编制“银行存款余额调节表”进行调节（见表 3 – 1）：

表 3 – 1　银行存款余额调节表

项目	金额	项目	金额
工会银行存款日记账余额	105 000	银行对账单存款户余额	96 000
加：工会未入账的收入款项	5 000	加：银行未入账的收入款项	15 000
减：工会未入账的付出款项	2 000	减：银行未入账的付出款项	3 000
调节后银行存款余额	108 000	调节后银行存款余额	108 000

需要特别强调的是，“银行存款余额调节表”仅仅是期末检验银行存款是否正确的一种方法，如果经过调节后，双方余额相等，一般就说明账目没有差错。但是，银行余额调节表不能作为会计核算的原始单据，相关的“未达账项”也必须等银行结算单据达到后方能进行核算。

期末，应直接将银行存款账户的余额填报在资产负债表中“银行存款”项目中，以反映工会持有的银行资金余额。

三、财政拨款核算

为全面反映各级工会从各级政府所获得的拨款和各项补助，《工会会计制度》按照财政资金支付办法分设了“零余额账户用款额度”和“财政应返还额度”两个科目进行专门核算。

（一）零余额账户用款额度

按照规定，“零余额账户用款额度”专门核算在实行财政国库管理制度改革试点的地区，工会根据财政部门批复的用款计划确定收到的、尚未动用的零余额账户用款额度。“零余额账户用款额度”使用的基本原理是：

1. 工会按照法律和相关规定编制经费预算并经相应程序后报财政部门审批。

2. 各级工会根据财政部门批复的预算额度，向国库集中支付试点地区国库支付业务的代办行提交用款计划，并在用款计划内办理相关的资金支付或者提取现金。

3. 对于未用完的用款额度，各级工会应在年末将剩余额度计入“财政应返还额度”项目。

4. 对超预算的支出，在年末计入“财政应返还额度”的同时，确认“政府补助收入”。

本科目年末应无余额。基本账务处理为：

（1）在财政授权支付方式下，收到代理银行转来的“授权支付到账通知书”时，根据通知书所列数额，借记“零余额账户用款额度”科目，贷记“政府补助收入”科目。

例 3.14：某市工会年初收到国库代理银行转来的“授权支付到账通知书”表明，该年度政府补助工会办公楼改建资金 800 万元。编制会计分录：

借：零余额账户用款额度　　8 000 000

　贷：政府补助收入—固定资产购建补助　　8 000 000

（2）从该账户实际发生支出时，借记“维权支出”、“行政支出”、“资本性支出”等科目，贷记“零余额账户用款额度”科目。

例3.15：假定在例3.14中，该工会从该账户中实际支付办公楼改建费用750万元，编制会计分录：

借：资本性支出—房屋建筑物购建　7 500 000

　贷：零余额账户用款额度　7 500 000

（3）从零余额账户提取现金时，借记“库存现金”科目，贷记本科目。

例3.16：假定该工会为办公楼购建支付零星开支需要现金50万元，从该账户中提取，编制会计分录：

借：库存现金　500 000

　贷：零余额账户用款额度　500 000

（4）年度终了，根据代理银行提供的对账单作注销额度的相关账务处理，借记“财政应返还额度—财政授权支付”科目，贷记本科目。

例3.17：续3.14、3.15、3.16，年末，根据代理银行提供的对账单，编制会计分录：

借：财政应返还额度—财政授权支付　8 000 000

　贷：零余额账户用款额度　8 000 000

如果工会本年度财政授权支付预算指标数大于零余额账户用款额度下达数，则借记“财政应返还额度—财政授权支付”科目，贷记“政府补助收入”科目。

例3.18，假定该年度财政授权工会支付预算指标为850万元，而财政通过代理行实际下达的“零余额账户用款额度”为800万元，工会应对两者的差额编制会计分录：

借：财政应返还额度—财政授权支付　500 000

　贷：政府补助收入—固定资产购建补助　500 000

下年初，根据代理银行提供的“额度恢复到账通知书”作相关恢复额度的账务处理，借记本科目，贷记“财政应返还额度—财政授权支付”科目。

例3.19：假定例3.18的额度在下年初代理银行提供的“额度恢复到账通知书”中得到恢复，编制会计分录：

借：零余额账户用款额度　500 000

　贷：财政应返还额度—财政授权支付　500 000

如果下年度收到财政部门批复的上年末下达零余额账户用款额度，则借记“零余额账户用款额度”科目，贷记“财政应返还额度—财政授权支付”科目。

（二）财政应返还额度

制度规定，“财政应返还额度”科目核算实行国库集中支付的工会年终应收财政下年度返还的资金额度。该科目下应设置“财政授权支付”和“财政直接支付”两个明细科目，以反映不同的国库集中支付方式。本科目期末借方余额，反映工会应收财政下年度返还的资金额度。主要的账务处理如下：

1. 财政直接支付年终结余资金的账务处理

年度终了，根据本年度财政直接支付预算指标数与当年财政直接支付实际支出数的差额，借记“财政应返还额度—财政直接支付”科目，贷记“政府补助收入”科目。

下年度恢复财政直接支付额度后，发生实际支出时，借记“维权支出”、“行政支出”、“资本性支出”等科目，贷记“财政应返还额度—财政直接支付”科目。

例3.20：某工会本年度财政直接支付预算数为500万元，当年度财政实际支付数为450万元，编制会计分录为：

借：财政应返还额度—财政直接支付　　500 000

　贷：政府补助收入　　500 000

下年度该额度恢复后，工会从该项补助资金中支付办公楼改建费用50万元，编制会计分录为：

借：资本性支出—房屋建筑物购建　　500 000

　贷：财政应返还额度—财政直接支付　　500 000

2. 财政授权支付年终结余资金的账务处理

年度终了，根据代理银行提供的对账单注销额度，具体账务处理参见“零余额账户用款额度”。下年度年初根据代理银行提供的额度恢复到账通知书额度。

四、借出款核算

借出款是工会因开展工作或发展工运事业的需要而出借给其他工会或工会所属单位的款项；各级工会应对借出款严格控制，健全手续，及时清理，不得长期挂账。

（一）科目设置

制度规定，工会应设置“借出款”科目，专门核算有关借出款项的发生、收回以及结余等信息。该科目的借方记录借出款项的发生（增加），贷方记录借出款项的收回或核销（减少），期末余额在借方，表示工会尚未收回的借出款余额。

为便于借出款项的管理，制度要求应按照借款单位（债务人）设置明细科目，以全面记录和反映借出款项的分布及构成，为借出款项的管理提供依据。

（二）账务处理

实际工作中，借出款的主要账务处理有以下几种情况：

1. 借出款项时，借记本科目，贷记“银行存款”等科目

例3.21：某工会经批准向下级工会借出3个月、年利率为10%的资金10万元，根据借款合同、银行划账单据编制会计分录：

借：借出款—×××下级工会　　100 000

　贷：银行存款　　100 000

2. 收回借款时，借记“银行存款”等科目，贷记本科目

例3.22：假定例3.21中的借款到期，该工会收回借款本息，根据银行结算单据编制会计分录：

借：银行存款　　102 500

　贷：借出款—××下级工会　　100 000

　　其他收入—利息收入　　2 500（10万×10%×3÷12）

3. 呆账的处理

实际工作中，各级工会应严格按照《工会经费呆账处理办法》（总工发〔2002〕20号）的规定，明确呆账的范围，规范呆账的处理程序。根据该办法，借出款呆账确认条件是：逾期三年以上、因借款单位原因尚未收回的借出款，报经批准认定确实无法收回。办法同时规定呆账处理原则是：（1）按照“统一领导、分级管理”的财务管理体制，呆账处理应坚持本级工会决定并报上级备案；（2）“分清责任、账销案留”，保留备查簿，对决策失误者追究责任；（3）对造成借款损失的单位，一般应停止借款；（4）对有弄虚作假、伪造呆账等行为，应责令纠正。对负有直接责任的主管人员和直接责任人要追究责任，对触犯法律的要依法追究其法律责任。

另外，该办法还对呆账处理的审批程序进行了规定，基本程序见图3－6。

呆账清理——各级工会财务部门对本级经费投资、借款、暂付款等形成的呆账进行清理，列出呆账事项

↓

提供证据并审核——呆账事项的责任人应将呆账的形成过程、原因以及鉴定意见、法律文书、证明材料、说明材料、函证材料等，以书面形式提交工会财务部门审核

↓

本级工会决定——财务部门应将呆账事项汇总后交本级工会主席办公会研究确定

↓

本级工会主席办公会议作出处理决定前，应征求同级经审会同意，必要时可由经审办公室安排审计

↓

工会财务部门根据主席办公会的决定，按会计制度的要求进行相应的账务处理，并将相关结果报上级工会备案

图 3－6　工会经费呆账处理程序

对呆账进行会计核算时，制度规定，逾期三年以上、因借款单位原因尚未收回的借出款，报经批准认定确实无法收回，应作为“其他支出—借款损失”处理。

例 3.23：假定例 3.22 中的借款到期未收回已经超过 3 年，并且已有事实表明，该借出款不再有收回的可能。工会在经批准后将该借款予以核销，编制会计分录：

借：其他业务支出—借出款损失　　100 000

　贷：借出款—××下级工会　　100 000

经过上述核算后，借出款工会应按照“账销案存”的管理要求，对该笔借出款建立备查簿，详细说明该项借款的形成、催收情况、形成损失的原因等，为后续管理和责任追究提供依据。

4. 无需偿还的借出款核算

在借款期间或借出款到期，由于种种原因，借出款工会认为债务人无需再对借款进行偿还的，按照规定应转入相关支出科目，借记“补助下级支出”、“事业支出”等科目，贷记本科目。

例 3.24：假定 3.22 中的借款尚未到期，借出款工会经与债务人协商，双方同意将此借款转为对下级工会的回拨补助款，并签订相应的文件予以明确。

编制会计分录：

借：补助下级支出—回拨补助　　100 000

　贷：借出款—××下级工会　　100 000

如果双方同意将借款期间产生的利息一并转入补助款，会计核算时应将相应的利息一并计入“回拨补助”，同时确认“其他收入—利息收入”。

五、往来款债权的管理和核算

往来款债权是指，工会在日常活动中发生的、与系统内外单位或个人之间的资金往来。实务工作中，工会的往来款业务主要有和经费收缴有关的往来款债权和与经费收缴无关的往来款债权。前者包括按照经费分解比例应收取的上下级经费（含拨缴经费、相关补助等），后者是上下级经费以外的其他应收及暂付款项，如差旅费借款以及尚未报销的采购款等。

（一）与经费有关的往来款债权

1. 应收上级经费核算

应收上级经费是本级工会按照规定应收取上级工会拨付（或转拨）的工会经费、建会筹备金和补助。

（1）科目设置

制度规定，工会应设置“应收上级经费”科目，专门核算应收未收的上级工会应予以拨付（或转拨）的款项。该科目的借方表示增加，贷方表示减少，期末余额一般在借方，反映工会应收未收的上级经费、建会筹备金和补助。

为反映工会经费的具体构成，制度要求，在“应收上级经费”科目下，应设置“应收上级补助”、“应收上级转拨经费”和“应收建会筹备金”等明细科目。其中：

①“应收上级补助”明细科目用于核算上级工会应拨付给本级工会的回拨、专项和超收等补助收入。

制度规定，本级工会根据上级工会回拨、专项和超收等补助通知中的相关金额，借记“应收上级经费—应收上级补助”科目，贷记“上级补助收入”科目相关明细科目。

收到上级工会拨来的回拨、专项和超收等补助时，借记“银行存款”科目，贷记“应收上级经费—应收上级补助”科目。

例3.25：某县级工会向上级工会申请帮扶补助款50万元，上级工会已同意予以补助。

收到上级工会补助通知书时，编制会计分录：

借：应收上级经费—应收上级补助（帮扶补助金）　　500 000

　贷：上级补助收入—帮扶补助　　500 000

收到上级工会补助款时，根据银行进账单等相关单据，编制会计分录：

借：银行存款　　500 000

　贷：应收上级经费—应收上级补助（帮扶补助金）　　500 000

②“应收上级转拨经费”明细科目用于核算上级工会采用税务代收、财政划拨的形式收缴的工会经费中应划转给本级工会的部分。

在税务代收、财政划拨经费的情况下，上级工会应将代收本级及以下的经费转拨至本级工会。制度规定，本级工会应根据上级工会经费转拨通知中的相关金额，借记“应收上级经费—应收上级转拨经费”科目；并按规定将属于本级工会的部分，贷记“拨缴经费收入”科目；应转拨下级工会的部分，贷记“应付下级经费—应付下级转拨经费”科目。

收到上级工会转拨的工会经费时，借记“银行存款”科目，贷记“应收上级经费—应收上级转拨经费”科目。

支付应转拨下级工会经费时，应借记“应付下级经费—应付下级转拨经费”科目”，贷记“银行存款”科目。

例 3.26：按照规定，某工会应收取上级工会转拨经费 80 万元，其中，50 万元应转拨给下一级工会。收到上级工会经费转拨通知时，编制会计分录：

借：应收上级经费—应收上级转拨经费　　800 000

　贷：拨缴经费收入　　300 000

　　应付下级经费—应付下级转拨经费　　500 000

收到上级工会转拨经费时，根据银行进账单等相关单据，编制会计分录：

借：银行存款　　800 000

　贷：应收上级经费—应收上级转拨经费　　800 000

实际支付应转拨下级工会经费时，根据银行相关单据，编制会计分录：

借：应付下级经费—应付下级转拨经费　　500 000

　贷：银行存款　　500 000

③“应收建会筹备金”明细科目用于核算上级工会采用税务代收、财政划拨的形式收缴的建会筹备金中应划转给本级工会的部分。

为积极推进工会组建工作，确保基层工会筹办建立期间所需经费，贯彻落实中国工会提出的“组织起来，切实维权”的工作方针，全国总工会办公厅于 2004 年下发了《关于基层工会组织筹建期间拨缴工会经费（筹备金）事项的通知》（总工办发〔2004〕29号），对筹备金的收取、管理和使用等做了明确规定：上级工会派员帮助和指导尚未组建工会的企业、事业单位、机关和其他组织的职工筹建工会组织，自筹建工作开始的下个月起，由有关单位按每月全部职工工资总额的2%向上级工会全额拨缴工会经费（筹备金），上级工会收到筹备金时，应向有关单位开具“工会经费拨缴专用收据”，有关单位凭专用收据在税前列支；上级工会收到工会经费（筹备金），除了按规定的经费分成办法解缴经费外，要实行“单独核算、专款专用”，主要用于基层工会组织筹建期内所发生的费用；筹建工作结束，经上级工会批准正式建立工会组织后，有关单位自批准之日起，不再直接向上级工会拨缴经费（筹备金），改为按每月全部职工工资总额的2%向本单位工会拨缴工会经费，再由本单位工会按照全总和省级工会有关经费分成办法规定的比例留成并向上级工会上缴工会经费。

实际工作中，对工会收取的工会筹备金的使用，可以在工会组建后冲抵应缴纳的工会经费，如果在规定的时间内未组建，则不用退还或转拨。

制度规定，本级工会应根据上级工会有关建会筹备金转拨通知中的金额，借记“应收上级经费—应收建会筹备金”科目，并按规定将属于本级工会的部分，贷记“拨缴经费收入”；按规定应转拨下级工会或需返还给筹建单位工会的部分，贷记“应付下级经费—应付建会筹备金”等科目。

收到上级工会转拨的建会筹备金时，借记“银行存款”科目，贷记“应收上级经费—应收建会筹备金”科目。

向下级工会转拨或需要返还给筹建单位工会的部分，在实际支付时，借记“应付下级经费—应付建会筹备金”科目，贷记“银行存款”科目。

例3.27：按照规定，某工会应收取上级工会转拨建会筹备金经费70万元，其中40万元应转拨给下一级工会。收到上级工会有关建会筹备金转拨通知时，编制会计分录：

借：应收上级经费—应收建会筹备金　　700 000
　贷：拨缴经费收入　　300 000
　　　应付下级经费—应付建会筹备金　　400 000

收到上级工会转拨经费时，根据银行进账单等相关单据，编制会计分录：

借：银行存款　　700 000
　贷：应收上级经费——应收建会筹备金　　700 000

实际支付应转拨下级工会建会筹备金时，根据银行相关单据，编制会计分录：

借：应付下级经费—应付建会筹备金　　400 000

　贷：银行存款　　400 000

2. 应收下级经费核算

应收下级经费是本级工会按规定应收下级工会的上缴工会经费和建会筹备金。

(1) 科目设置

制度规定，本级工会应设置“应收下级经费”科目，记录和反映本级与下级工会之间的经费收缴情况。本科目的借方表示增加，贷方表示减少，期末余额一般在借方，反映年末应收未收的下级工会上缴经费。为便于本级工会合理区分应收下级经费的性质，制度规定，本级工会可以根据需要在“应收下级经费”科目下设置“应收经费”和“应收建会筹备金”等明细科目。

(2) 账务处理

①应收下级工会上缴经费的核算

按照经费分解比例，本级工会应根据下级工会经费收缴报告表中的相关金额，借记“应收下级经费—应收经费”科目；并按规定将属于本级工会的部分，贷记“拨缴经费收入”科目；按规定应上缴上级工会的部分，贷记“应付上级经费”科目。

例 3. 28：某工会按规定应收取下级工会经费 80 万元，其中 50 万元应上解上级工会。根据下级工会经费收缴报告表，编制会计分录：

借：应收下级经费—应收经费　　800 000

　贷：拨缴经费收入　　300 000

　　　应付上级经费　　500 000

本级工会实际收到下级工会的上缴经费后，借记“银行存款”科目，贷记“应收下级经费—应收经费”科目。

例 3. 29：续例 3. 28，本级实际收到下级工会上解的经费收入后，根据银行进账单等相关单据，编制会计分录：

借：银行存款　　800 000

　贷：应收下级经费—应收经费　　800 000

本级工会实际上解属于上级工会的部分，借记“应付上级经费”，贷记“银行存款”科目。

例 3. 30：续例 3. 29，本级工会按规定实际上解上级经费后，根据银行进账单和相关单据，编制会计分录：

借：应付上级经费　　500 000

贷：银行存款　500 000

②应收下级应上缴建会筹备金的核算

总体上，此部分的处理与“应收经费”相似，只需要将例3.28中核算所涉及的明细科目从“应收经费”变为“应收建会筹备金”即可。

例3.31：某工会按规定应收取下级工会上解建会筹备金经费40万元，其中30万元应上解上级工会。根据下级工会经费收缴报告表，编制会计分录：

借：应收下级经费—应收建会筹备金　400 000

　贷：拨缴经费收入　100 000

　　应付上级经费　300 000

实际收到下级工会上解的建会筹备金时，根据银行进账单等相关单据，编制会计分录：

借：银行存款　400 000

　贷：应收下级经费—应收建会筹备金　400 000

按规定实际上解上级筹备金时，根据银行进账单和相关单据，编制会计分录：

借：应付上级经费　300 000

　贷：银行存款　300 000

（二）其他应收款业务核算

其他应收款是指，与工会经费收缴无关的往来款债权，包括个人与单位的临时性借款，如差旅费借款以及一些暂付款等。各级工会应对其他应收及暂付款项严格控制，健全手续，及时清理，不得长期挂账。

1. 科目设置

制度规定，工会应设置“其他应收款”科目，用于对除应收上下级经费（筹备金）以外的其他应收及暂付款项的核算。该科目的借方记录其他应收款的增加（款项借出），贷方表示其他应收款的减少（收回或核销），期末余额在借方，反映尚未收回的其他应收及暂付款项。为便于其他应收款债权的管理，会计核算时应按照借款人或者借款单位设置明细账。

2. 账务处理

（1）发生其他应收及暂付款项，借记本科目，贷记“库存现金”、“银行存款”等科目。

例3.32：某工会召开会员代表大会用转账支票预付春晨宾馆会场租金8 000元。根据有关支付审批单和转账支票存根，编制会计分录：

借：其他应收款—春晨宾馆　　8 000

　贷：银行存款　　8 000

（2）结算收回或核销转列支出时，按收回的金额，借记“库存现金”、“银行存款”等科目，按列入支出的金额，借记有关支出科目，按结算总额，贷记本科目。

例 3.33：续例 3.32，会议开完后，与春晨宾馆会场租金实际结算款为8 500元，差额款用现金直接支付。根据发票并经内部报销程序后，编制会计分录：

借：业务支出—会议费　　8 500

　贷：其他应收款—春晨宾馆　　8 000

　　库存现金　　500

如果实际结算款是 7 700 元，多余部分对方以现金退回，则根据有关单据，编制会计分录：

借：业务支出—会议费　　7 700

　库存现金　　300

　贷：其他应收款—春晨宾馆　　8 000

（3）逾期三年以上、因债务人原因尚未收回的其他应收款，报经批准认定确实无法收回的，应作为呆账及时进行账务处理，借记“其他支出”科目，贷记本科目。核销的呆账，应保留备查账簿中登记；已核销呆账但又重新收回的，按照实际收到的款项，借记“银行存款”科目，贷记“其他收入”科目。

例 3.34：某工会向麦田书店预订图书，预付书款 1000 元。根据相关单据，编制会计分录：

借：其他应收款——麦田书店　　1 000

　贷：库存现金　　1 000

由于种种原因，工会并未收到所订书籍，书店也未退还订书款，再加上内部疏于管理，该笔书款长期挂账已超过三年，已有事实表明该款无法收回，经批准并根据相关单据，编制会计分录：

借：其他支出—呆账核销　　1 000

　贷：其他应收款—麦田书店　　1 000

编制会计分录的同时，工会应建立备查簿，记录该笔呆账。但在核销以后，该笔订书款又收回，根据相关单据，编制会计分录：

借：银行存款　　1 000

　贷：其他收入　　1 000

六、库存物品核算

库存物品是指，工会取得的将在日常活动中耗用的材料、物品及达不到固定资产标准的工具、器具等。

（一）科目设置

制度规定，工会应设置“库存物品”科目，该科目的借方登记库存物品的增加，贷方登记库存物品的减少（使用或核销），期末余额在借方，反映尚未使用的库存物品的实际价值。

为便于管理，应在“库存物品”科目下按库存物品的类别、品名设置明细科目，并根据出入库单逐笔核算。

（二）账务处理

1. 购入物品的核算

（1）购入库存物品的计量

制度规定，工会在取得库存物品时，应当按照实际成本入账。实际工作中，由于库存物品的取得方式可能存在差异，因此，其历史成本的构成或内涵也有所不同，具体为：

①外购库存物品，历史成本是指买价以及与购买物品相关的各项直接支出，如承担的运费、包装费、入库整理费等。

②有偿调入的库存物品，历史成本是调入该库存物品的实际支出。

③无偿调拨、接受捐赠的库存物品，其历史成本的确定有两种选择：一是用该调入库存物品的公允价值作为历史成本；二是用与该调入库存物品相关单据注明的金额（加上相关费用）作为历史成本。具体确定方法根据实务工作中的具体情况确定。

④盘盈形成的库存物品，历史成本是指其公允价值。

（2）购入库存物品的账务处理

制度规定，购入库存物品，按照取得该物品的历史成本进行计价。借记“库存物品”科目，按照购买的方式，贷记“银行存款”或“其他应付款”等科目。

例 3.35：某工会购入一批日常办公用物品，已验收入库并用转账支票支付购买款 4 000 元。根据购货发票、入库单和转账支票存根，编制会计分录：

借：库存物品—办公用物品　　4 000

贷：银行存款　　4 000

假设该例中的购买款不是用转账支票支付，而是与销售方约定3个月后再付款。根据购买发票和入库单，编制会计分录：

借：库存物品—办公用物品　　4 000

　贷：其他应付款—××单位　　4 000

2. 领用库存物品的核算

（1）领用或耗用库存物品的计量

制度规定，库存物品在发出（领用或出售等）时，应当根据实际情况在先进先出法、加权平均法、个别计价法中选择一种方法确定发出库存物品的实际成本，一经选定，不得随意变更。

①先进先出法

先进先出法是假定先采购的库存物品先领用的一种方法。期末剩余库存物品的价值按照最后（或紧邻）购进物品的价格计算。如某工会因工作需要耗用大量的某一物品。9月份，该物品的购买、领用和结存情况见表3-2。

表3-2　库存物品采购、领用、结存表

（2014年3月）

日期	摘要	采购			领用			结存		
		数量	单价	金额	数量	单价	金额	数量	单价	金额
	期初							10	10	100
3日	购买	50	12	600				60	10 12	700
10日	领用				55		640①	5	12	60
15日	购买	100	8	800				105	—	860
23日	领用				100		820②	5	8	40
29日	购买	20	10	200				25	8 10	240
合计		170	—	1 600	155	—	1 460	—	—	—

备注：①640 = 10 × 10 + 45 × 12；②820 = 5 × 12 + 95 × 8。

在先进先出法下，9月份总共耗用库存物品1 460元，期末库存物品240元，由两部分构成：一是29日购买物品价值200元；二是23日购买物品剩余40元。因此，在先进先出法下，先进的物品先使用，剩余库存物品与后进物品的数量和价格有关。

②加权平均法

尽管先进先出法较好解决了库存物品耗用顺序与采购顺序的关系，期末库存物品价值也与市场价值基本接近，但也存在明显的缺陷，尤其是在库存物品采购与耗用极为频繁的情况下，核算工作极为麻烦，为此制度规定，库存物品的耗用也可以用加权平均法进行计量。计算公式为：

$$\text{加权平均单价}=\frac{\text{期初库存物品数量}\times\text{期初库存物品单价}+\sum(\text{本期购入库存物品数量}\times\text{单价})}{(\text{期初库存物品数量}+\text{本期购进库存物品数量})}$$

本期耗用库存物品价值 = 本期耗用库存物品数量 × 加权平均单价

期末库存物品价值 = 期初库存物品价值 + 本期购入库存物品价值之和 - 本期耗用库存物品价值之和

= 期末库存物品数量 × 加权平均单价

结合表 3 -2，3 月份，库存物品加权平均单价为 9.4 元/件，本期耗用库存物品价值为 1 457 元；期末库存物品价值为 233 元。

③个别认定法

该方法的基本思想是，每次库存物品的耗用都以该物品的价格作为耗用价值。该方法应用的基本前提是，实际工作中库存物品的耗用能够分清楚每次或每个库存物品的采购单价或价格，也能够在耗用中与之对应。因此，一般适用于耗用数量不大或者所耗库存物品单位价值较大的情况。

需要特别强调的是，在特定单位和特定期间，对同一类库存物品的耗用可以任选上述方法中的任意一个，但一经选定，不得随意变更。

（2）库存物品耗用的核算

制度规定，领用物品时，借记“职工活动支出”、“维权支出”、“行政支出”等科目，贷记本科目。会计核算时，库存物品的领用按照“谁受益、谁承担”的原则进行处理。制度规定，工会日常活动中领用库存物品时，按照其具体的用途，借记“职工活动支出”、“维权支出”、“行政支出”等科目，贷记“库存物品”科目。

例 3.36：假定 3.35 中的库存物品当期全部领用，其中，用于职工宣传活动的有 1 600 元，其余用于会议费。根据相关单据，编制会计分录：

借：职工活动支出—宣传活动费　　1 600
　　业务支出—会议费　　1 400
　贷：库存物品—办公用物品　　3 000

3. 库存物品期末账务处理

(1) 库存物品期末计量

由于期末库存物品的价值是以历史成本为基础计算所得，实际工作中，可能会出现某些库存物品的价值低于账面成本价值，如单位购买的一些价值贬损较快的一些物品。对此，是否需要在库存物品期末计量中考虑这一价值贬损，制度并未做明确规定。这需要在实际工作中根据具体情况作出判断。由于工会会计属于“非营利组织”会计系统，从这一角度，库存物品期末计量时可以不考虑价值贬损的影响。

(2) 库存物品期末账务处理

制度规定，库存物品每年至少盘点一次，盘盈、盘亏或报废、毁损应查明原因，按规定程序批准后及时处理。

①库存物品盘盈

库存物品盘盈是实际盘点的库存物品数大于账面记录数，两者的差额为盘盈数。制度规定，对盘盈的库存物品，应按公允价值进行计量。实际工作中，公允价值难以确定的，可以按照同类库存物品的历史成本确认。发生盘盈的，借记“库存物品”科目，贷记“其他收入”科目。

例 3.37：某工会年底对库存物品进行盘点，盘点时的账面物品数为 50 件，单价为 40 元；实际盘点数量为 55 件。假定盘盈库存物品的公允价值为 43 元/件，根据经审批的盘点表，编制会计分录：

借：库存物品　　215 [(55 - 50) × 43]

　贷：其他收入—库存物品盘盈　　215

需要说明的是，如果公允价值无法确定，实际工作中也可以用历史成本 40 元作为盘盈库存物品的计量价格。

②库存物品盘亏

库存物品盘亏是实际库存物品盘点数小于账面数。制度规定，盘亏的库存物品，按照账面余额，借记“其他支出”科目，贷记“库存物品”科目。

例 3.38：某工会年末对库存物品进行盘点，盘亏数量为 8 件，单位成本为 36 元。根据经审批的盘点表，编制会计分录：

借：其他支出—库存物品盘亏　288 (8 × 36)

　贷：库存物品　　288

需要说明的是，制度并未就盘亏问题是否需要追究责任作出规定。实际工作中，为维护库存物品的安全、完整和价值，需要加强库存物品的管理制度。若原因是管理不善，则还应追究相应责任人的责任。

③库存物品报废、毁损

制度规定，报废、毁损的库存物品，按照库存物品账面余额扣除可以收回的保险赔偿和过失人的赔偿等后的金额，借记“其他支出”科目，按库存物品账面余额，贷记“库存物品”科目，按照可以收回的保险赔偿和过失人赔偿等，借记“库存现金”、“银行存款”、“其他应收款”等科目。

例 3.39：某工会有一批库存物品 40 万元，因火灾全部损失。按照规定，保险公司将按照 60% 的损失金额进行赔偿，保管人员张厚也将承担 10% 的赔偿。根据相关单据，编制会计分录：

借：其他应收款—××保险公司　　240 000（40 万 ×60%）
　　其他应收款—张厚　　　　　　40 000（40 万 ×10%）
　　其他业务支出—库存物品损失　120 000
　贷：库存物品　　400 000

收到保险公司和保管员赔偿时，根据银行进账单和其他相关单据，编制会计分录：

借：银行存款　　240 000
　　库存现金　　　40 000
　贷：其他应收款—××保险公司　　240 000
　　　其他应收款—张厚　　　　　　40 000

实际工作中，各级工会应根据库存物品及其所属明细科目，建立和完善相应的账簿记录，凡是有实物形态的，还应在账簿记录中反映实物数量。期末，应将库存物品及其所属明细科目的余额汇总后，填报到资产负债表中的“库存物品”项目中。

第四章　工会长期资产核算

长期资产是工会资产核算的重要内容之一。工会长期资产是指，各级工会拥有或者控制的、能以货币计量的、持有或者使用时间超过 1 年的各类经济资源，包括投资、在建工程和固定资产。和流动资产不同，工会长期资产具有以下四个基本特征：

1. 持有资产的服务期限较长。按照规定，长期资产的服务期限一般超过 1 年。

2. 单位价值相对较高。对于有实物形态的长期资产，制度还规定了明确的价值确认标准。

3. 一般按照历史成本计量。按照固定，长期资产的入账价值采用历史成本进行计量；在会计期末，除非极特殊的情况，已经入账的长期资产的成本不允许改变。

4. 与长期资产对应的各类基金，如固定资产对应固定基金、投资对应投资基金、在建工程对应在建工程占用基金等。

一、投资核算

工会投资是指，工会按照国家有关法律、行政法规和工会的相关规定，以货币资金、实物资产等方式向其他单位的投资。

（一）投资的分类

投资按其流动性分为短期投资和长期投资；按其性质分为股权投资、债权投资等（见图 4－1）。

1. 短期投资与长期投资

短期投资是指，能够在不超过 1 年的期限内变现的投资。为提高闲置资金的效率，单位一般会将其投入到回报率较高、风险可控、变现能力强的有价证券中。

长期投资是指，短期投资以外的其他投资，如长期股权投资、长期债权投资等。长期投资的目的有两个：一是基于可持续的投资收益而进行的资产

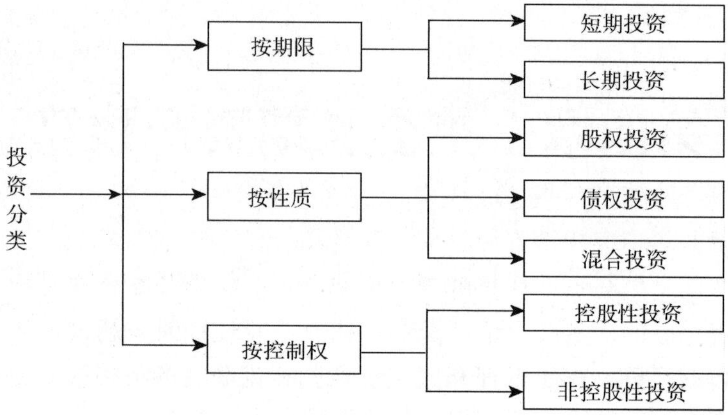

图 4－1　投资的分类

利用行为；二是基于某种需要，对被投资对象实施控制或者施加重大影响。

2. 股权投资、债权投资和混合型投资

股权投资（一般长期）是指，通过投资拥有被投资单位的股权，投资者成为被投资单位的股东，按所持股份比例享有权益并承担责任。按照期限，股权投资可以分为短期和长期两种。股权投资的基本特征是“按比分红、按份担责”。因此，股权投资具有风险较大、收益较高和不确定性较强等特点。投资行为一旦发生后，投资者不能要求被投资单位偿还投资款，只有当被投资单位关闭、清算或破产后，在清偿完债权后的剩余中按比例收回投资款。当然，投资者享有决策权、管理权、收益权和分配权等相关权利。

债权投资是指，投资者通过购买被投资单位发行的债券或其他债务凭证（按发债主体可以分为国债、地方债和企业债）并按约定收取本息的一种投资方式。和股权投资比较，债权投资风险较小、收益较为稳定，但收益率也较低，是保守型投资者选择的投资方式。和股权投资不同，债权投资的投资者一般不参与被投资对象的管理和经营，也不对被投资对象经营风险承担责任。

混合型投资是指，兼具股权性和债权性两种特征的投资方式。在某一特定时间内，该项投资表现为债权性特质，而在约定的另一段时间内，可能具有股权性的特征，如上市公司发行的可转换债券等。

3. 控股性投资和非控股性投资

在股权投资中，按照投资者是否对被投资对象具有控制权可以将投资分为控股性投资和非控股性投资。

控股性投资是指，投资者对被投资对象具有控制权。理论上，只要投资者持有被投资对象50%以上的权益就具有控制权。

非控股性投资是指，控股性投资以外的股权性投资。一般情况下，投资者持有被投资对象50%以下的投资属于非控股性投资。实际工作中，一项投资是否具有控制权，除了将50%的股权比例作为参考标准外，还需要考虑一些其他因素，如某些情况下，投资者虽然持有被投资对象的比例低于50%，但能够对被投资对象施加重大影响，也可以认为是控股性投资。

（二）投资管理的内部控制

为加强投资的管理，确保投资的安全、完整和效益，各级工会应建立和完善与投资行为相关的内部控制（具体流程见图4－2）。

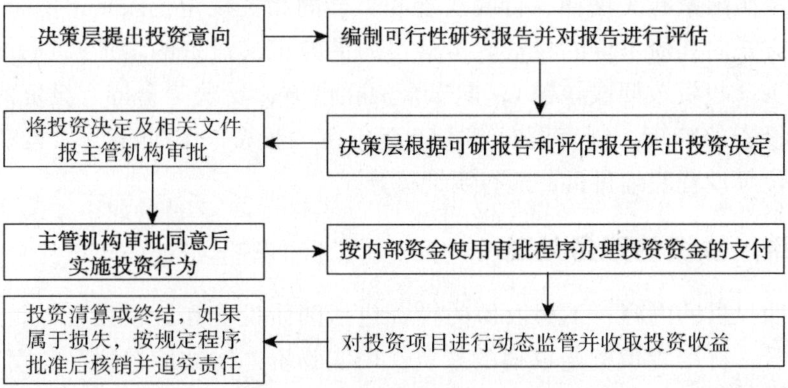

图4－2　对外投资业务流程图

1. 工会应建立和完善对外投资业务的岗位责任制，明确相关部门和岗位的职责、权限，确保办理对外投资业务的不相容岗位相互分离、制约和监督。尤其是在对外投资中的可行性研究与评估、决策与执行、对外投资处置的审批与执行方面，要实行严格分离，相互制约。

2. 建立和完善对外投资业务的授权审批制度，明确授权批准的方式、程序和相关控制措施，规定审批人的权限、责任以及经办人的责任范围和工作要求。各级工会要严禁未经授权的部门或人员办理对外投资业务。

3. 建立和完善对外投资责任追究制度，严禁“只投不管”。对于因被投资单位破产、被撤销、注销、吊销营业执照或者被政府责令关闭等情况造成难以收回的未处置不良投资，报经批准认定后应当及时核销。

4. 建立和完善对外投资的业务流程，明确各环节的控制要点，设置相应记录和凭证，如实记录和反映各环节投资业务的开展情况，加强内部审计，按照“事前有规划、事中有控制、事后有考核”的原则，对投资行为实施“全范围、全过程”的监管。

工会组织属于非营利性组织，其对外投资活动应严格加以控制。制度规定，工会当年经费无结余的，不得新增对外投资。同时，为加强投资的监管，工会的下列投资活动应严格禁止：（1）未经审批的投资行为；（2）无资金保障的投资行为；（3）与工运事业和工会工作无关的投资行为；（4）“风险敞口”的投资行为等。

（三）投资的科目设置

为规范各级工会投资业务，制度规定工会应设置“投资”科目，专门核算工会按照国家有关法律、行政法规和工会的相关规定，以货币资金、实物资产等方式向其他单位的投资。本科目的借方记录投资的增加，贷方记录投资的减少（投资收回或核销），期末余额在借方，反映工会持有投资的金额。为便于投资的管理，制度同时要求工会应在“投资”科目下，按投资类别、投资单位等设置明细科目，进行明细核算。

（四）投资的账务处理

按照投资的内容，工会取得的投资包括国债投资和股权投资等。从投资方式上看，有用货币资金取得的投资；用实物资产，如库存物品、固定资产等取得的投资等。

1. 投资的计量

制度规定，投资在取得时应当按照其实际成本入账。以货币资金方式对外投资的；以实际支付的款项记账；以实物资产方式对外投资的，以评估确认或合同、协议确定的价值记账。

投资取得时的实际成本是指与投资项目相关的所有支出。理论上，这些支出除了按合同约定相关的资金支付外，还应包括因投资项目需要而产生的管理费用，如咨询费、审计评估费以及与之相关的各种规费支出。

请注意，制度仅就货币出资、实物资产出资两种投资方式的计量问题进行了规定，但在实际工作中，可能存在因债务重组、非货币性资产置换以及接受捐赠等行为而取得投资。此类投资尽管发生较少，但对一些工会企业单位还是有可能存在。但至于如何计价，制度并未明确。当此类投资业务发生后，实务中的处理路径有两条：一是按照“一事一批”的原则，报经主管工会批准后再行确定计量方法；二是参照其他一些类似规定，如《企业会计准则》有关此类的规定进行处理。但比较而言可行的办法是第一种，即“一事一批”。

2. 投资收益的确认

制度规定，投资收益应按“现金制”为基础进行核算。实际工作中，工会的投资收益有两个部分：一是投资期内取得的利息、利润、红利等各项收益；二是处置（出售）投资时，实际取得价款与投资账面余额的差额。

3. 国债投资的核算

按规定，工会可以从当期经费结余中，投资一些风险较小、收益相对较高的有价证券，而国债无疑是工会比较理想的投资品之一。

①取得国债投资时的核算

制度规定，购入国债等债券，借记本科目，贷记“银行存款”等科目；同时，借记“结余”科目，贷记“投资基金”科目。

例 4.1：某工会 2013 年 1 月 1 日经批准购买 1 年期、票面利率 5%、到期还本付息的国债 80 万元。根据投资的批准文件、资金支付单据以及投资凭据等，编制会计分录：

借：投资—国债投资　　800 000

　贷：银行存款　　800 000

同时：

借：结余　　800 000

　贷：投资基金　　800 000

另外，为便于国债投资的管理，工会应在投资完成后，建立专门的备查簿，详细记录国债的品种、利率、期限等相关事项，以完成对投资账户的辅助核算。

②收回国债投资时的核算

国债到期，以其产生的利息作为“投资收益”核算，并冲减投资本金。

例 4.2：续例 4.1，2014 年 1 月 1 日，国债投资到期，收回本金 80 万元和利息收入 4 万元。根据银行进账单等相关单据，编制会计分录：

借：银行存款　　840 000

　贷：投资—国债投资　　800 000

　　　投资收益—利息收入　　40 000

同时：

借：投资基金　　800 000

　贷：结余　　800 000

4. 股权投资账务处理

股权投资是工会经过批准的以“按比分红、按份担责”的一种投资方式。按照规定，工会可以用货币、实物（固定资产、库存物品）等对外进行投资。

（1）以货币资金对外进行股权投资

用货币进行股权投资应在取得投资时按照实际支付的成本对投资进行计量。投资取得时，应借记“投资”科目，贷记“银行存款”等科目；同时，借记“结余”科目，贷记“投资基金”科目。

例 4.3：2013 年 4 月 1 日，某工会经批准购买洛韦公司发行的股份 800 万股，每股发行价格为 5 元，同时支付相关购买费用 20 万元，上述款项用转账支票进行支付。根据审批文件、支票存根以及股权证明等相关文件，编制会计分录：

借：投资—洛韦公司（股权投资）　　40 200 000

　贷：银行存款　　40 200 000

同时：

借：结余　　40 200 000

　贷：投资基金　　40 200 000

和债权投资一样，实际工作中工会也应对股权投资建立备查簿进行辅助核算，详细记录投资的方式、时间、股比等相关内容。

（2）以固定资产对外进行股权投资

以固定资产对外进行股权投资，在取得股权投资时，应按固定资产评估价、公允价或协议价确认投资成本，并借记“投资”科目，贷记“投资基金”科目；同时，按投资固定资产的账面原值，借记“固定基金”科目，贷记“固定资产”科目。

例 4.4：续例 4.3，6 月 1 日，该工会以一办公房屋折价入股洛韦公司，该楼房账面原值 400 万元，评估价格为 600 万元，双方约定以评估价格折股 120 万股。根据相关审批文件、固定资产评估报告和固定资产权属变更文件等，编制会计分录：

借：投资—洛韦公司（股权投资）　　6 000 000

　贷：投资基金　　6 000 000

同时：

借：固定基金　　4 000 000

　贷：固定资产—房屋建筑物　　4 000 000

(3) 以库存物品对外进行股权投资

以库存物品对外进行股权投资，按库存物品的评估价等，借记“投资”科目，按库存物品账面价值，贷记“库存物品”科目，按评估价等与账面价值的差额，借记或贷记“投资基金”科目；同时，按库存物品的账面价值，借记“结余”科目，贷记“投资基金”科目。

例4.5：续例4.3、例4.4，9月1日，该工会以一批库存物品对洛韦公司继续增资，该库存物品的账面价值为60万元，评估价值80万元，双方同意按评估价格折股16万股。根据相关审批文件、库存物品评估报告以及库存物品调拨单等，编制会计分录：

借：投资—洛韦公司（股权投资）　　800 000

　贷：库存物品　　600 000

　　　投资基金　　200 000

同时：

借：结余　　600 000

　贷：投资基金　　600 000

(4) 股权投资持有期间收益的核算

在股权投资持有期间，工会应将实际收到的股息（分红）作为投资收益核算，并借记“银行存款”等科目，贷记“投资收益”科目。

例4.6：续例4.3、例4.4和例4.5，2011年6月10日，收到洛韦公司利润分红160万元。根据洛韦公司的分红文件和银行进账单，编制会计分录：

借：银行存款　　1 600 000

　贷：投资收益　　1 600 000

(5) 股权投资转让或收回的核算

制度规定，投资收回时，按照实际收到的价款，借记“银行存款”科目，按照“投资”科目的账面价值，贷记“投资”科目，按照其差额，贷记或借记“投资收益”科目；同时借记“投资基金”科目，贷记“结余”科目。

例4.7：续例4.3、例4.4和例4.5，2014年6月1日，经与洛韦公司协商，同意该工会将持有的股权全部转让给卓之越公司，转让价款为5000万元。转让时，该股权投资的账面价值为4 700万元（4020万元+600万元+80万元）。根据相关审批文件、转让合同以及银行进账单等单据，编制会计分录：

借：银行存款　　50 000 000

　贷：投资—洛韦公司（股权投资）　　47 000 000

　　　投资收益　　3 000 000

同时：

借：投资基金　　47 000 000

　贷：结余　　47 000 000

5. 投资损失的核算

对于因被投资单位破产、被撤销、注销、吊销营业执照或者被政府责令关闭等情况造成难以收回的未处置不良投资，报经批准认定后应当及时核销。但对已核销的投资应建立相应的“备查登记”制度，为投资项目的后续清理和责任追究提供依据。

制度规定，投资出现损失，报经批准认定确实无法收回的，借记“投资基金”科目，贷记“投资”科目。

已经核销的投资呆账，保留备查账簿，对投资失误者要追查责任。

已经核销的投资呆账，又重新收回的，借记“银行存款”等科目，贷记“其他收入”科目。收回实物的，需重新进行评估，按公允价值入账。

实际工作中，工会应根据“投资”及其明细科目的设置，建立相应的账户，全面记录和反映工会投资业务的增减变动及结余情况。

会计期末，工会应将投资账户的余额直接填报在资产负债表中“投资”项下，并在报表附注中对投资的明细项目进行必要的补充说明，尤其是涉及投资损失核销事项的，应重点在附注中说明。

二、在建工程核算

在建工程是指，各级工会基于业务需要，经批准而进行的项目建设，如固定资产的构建和修缮等。

（一）在建工程的内部控制

一般情况下，在建工程涉及的资金量较大，仅靠工会自身经费难以解决，按照《工会法》的规定，政府或行政应根据情况，对工会的一些大型在建项目给予必要的补助。工会在会计核算时，应严格按照要求，加强在建工程的管理。

1. 各级工会应当建立和完善与在建工程业务相关的岗位责任制，明确相关部门和岗位的职责、权限，确保办理在建工程业务的不相容职务分离、制约和监督。相关岗位包括：（1）项目建议、可行性研究与项目决策；（2）工程概算和预算的编制与审核；（3）项目实施与价款支付；（4）竣工决算与审计等。

2. 各级工会应建立和完善与项目建设相关的决策机制，对项目建议书和可行性研究报告的编制、项目决策等作出明确规定，确保项目决策科学合理；应组织包括工程、技术和财务等部门的相关专业人员，对项目建议书和可行性研究报告的完整性、客观性进行技术经济分析和评审，并出具评审意见；在项目的决策过程中应实行集体决策制度，并将决策过程形成书面记录，严禁任何人单独决策工程项目或擅自改变集体决策意见；对项目的实施应明确责任制度，定期或不定期对项目实施情况进行检查。

3. 各级工会应建立和完善与项目相关的概算、预算、款项支付依据决算控制体系，确保概算、预算编制科学合理，价款支付及时正确，竣工决算真实、完整、及时。

4. 各级工会应建立和完善与在建工程相关的监督体系，明确监督机构或人员的职责与权限，对项目开展定期或不定期检查，对检查中发现的问题或薄弱环节，应当采取措施，及时纠正。检查的重点包括：（1）与项目相关的岗位和人员设置情况，重点关注不相容职务是否分离；（2）与项目相关业务的授权批准制度的执行情况，重点关注授权批准手续是否健全、是否存在越权审批等行为；（3）工程项目决策责任制的建立及执行情况，重点关注责任制度是否健全、奖惩措施是否落实到位；（4）工程项目概算、预算的执行情况，重点关注概算、预算编制的依据是否真实，是否按规定对概算和预算进行审核；（5）与工程项目相关的款项支付制度的执行情况，重点检查工程款、材料设备款及其他费用的支付是否符合相关法规、制度和合同的要求；（6）竣工决算制度的执行情况，重点检查是否按规定办理竣工决算、实施决算审计。

（二）在建工程的科目设置

为全面反映各级工会在建工程项目的有关情况，制度规定，在项目未办理竣工决算前，应设置“在建工程”科目，用于核算工会进行在建项目所发生的实际支出。借方表示在建工程项目支出的增加，贷方表示已完工的在建项目转入固定资产的数额，期末借方余额，反映工会尚未完工的各项在建工程发生的实际支出。实际工作中，工会应根据需要，在本科目下按具体工程项目设置明细科目，进行明细核算。

（三）在建工程的账务处理

实际工作中，工会在建工程可能是自行建造，也可能是委托其他单位代建。不管何种形式的在建项目，都必须建立和完善与在建工程相关的管理制度，在确保工程质量的同时，最大限度地节约建设资金，力争少花钱、办好事。

由于工会的在建工程一般涉及金额比较大，按照规定，各级工会的在建工程项目都有不同程度的财政或行政资金补助。一般情况，工会的在建工程业务涉及预付工程款和工程完工验收决算两个基本环节。

1. 预付工程款的核算

制度规定，当工会按照合同规定预付与在建工程相关款项时，应按实际支付的金额，借记“在建工程”科目，贷记“在建工程占用资金”科目，同时借记“资本性支出”科目，贷记“银行存款”科目。

例 4.8：某工会经批准委托建设单位代建自用办公楼，建造款为 5000 万元。合同约定，工会应在项目开工时预付建造商款项 3000 万元，余款等工程完工验收合格后再行支付。该办公楼于 2013 年 5 月份开建。根据审批文件、建造合同和相关支付单据，编制会计分录：

借：在建工程—办公楼　　30 000 000

　贷：在建工程占用资金　　30 000 000

同时：

借：资本性支出—房屋建筑物购建　　30 000 000

　贷：银行存款　　30 000 000

注意，如果与在建工程相关的资金来源于财政拨款，贷方科目应是“零余额账户用款额度”。

2. 在建工程完工的核算

在建工程完工的核算内容有：（1）对工程进行验收，并按合同约定支付建造尾款；（2）将已经完工的在建工程转入固定资产科目进行核算并管理。

为加强在建工程项目的管理，全面反映其资金使用和项目建设情况，在建工程完工时，各级工会应按照财政部印发的《基本建设财务管理规定》（财建〔2002〕394 号）的要求，编制基本建设项目竣工财务决算报表。竣工财务决算报表由封面、基本建设项目概况表、基本建设项目竣工财务决算表、基本建设项目交付使用资产总表和基本建设项目交付使用资产明细表组成（具体格式参见表 4－1 和表 4－2）。

表 4-1　基本建设项目交付使用资产明细表

单项工程名称	建筑工程			设备　工具　器具　家具						流动资产		无形资产		递延资产	
	结构	面积（m^2）	价值（元）	名称	规格型号	单位	数量	价值（元）	设备安装费（元）	名称	价值（元）	名称	价值（元）	名称	价值（元）

交付单位：　　　　　　　　　　　　　　　　　　　　接收单位：
（盖章）　　年　月　日　　　　　　　　　　　　　　（盖章）　　年　月　日

表 4-2　工会基本建设竣工报告（入账）单

附件　张　　　　　　　　　　　　　　　　　　　　　　　　编号

工程项目	单位	建筑面积（m^2）	资金来源（元）				土地证号	房产证号	用途	备注
			政府（行政）补助	主管（上一级）工会补助	自筹经费	其他经费				
合计金额（大写）										
财务部门（公章） 负责人： 经办人： 年 月 日			资产部门（公章） 负责人： 经办人： 年 月 日				基建部门（公章） 负责人： 经办人： 年 月 日			

说明：1. 各单位需要时，可根据实际情况，参照此样式自行制单；
2. 此单由基建部门填制一式四联：分别为存根和财务、资产、基建部门记账。

制度规定，工程完工时，借记“固定资产”科目，贷记“在建工程”科目，同时借记“在建工程占用资金”科目，贷记“固定基金”科目。如果涉及尾款支付，比照预付款进行处理。

例 4.9：续例 4.8，该办公楼于 2014 年 8 月完工，按合同规定支付建造尾款 2000 万元，并填制基本建设竣工报告单，并办理在建工程的结转。支付尾款，根据相关单据，编制会计分录：

借：在建工程—办公楼　　20 000 000

　贷：在建工程占用资金　　20 000 000

同时：

借：资本性支出—房屋建筑物购建　　20 000 000

　贷：银行存款　　20 000 000

根据基本建设竣工报告单，办理固定资产入账，编制会计分录：

借：固定资产—房屋建筑物　　50 000 000

　贷：在建工程—办公楼　　50 000 000

同时：

借：在建工程占用资金　50 000 000

　贷：固定基金　　50 000 000

三、固定资产核算

固定资产是指，工会使用年限在 1 年以上，单位价值在规定标准以上，并在使用过程中基本保持原来物质形态的资产。

（一）固定资产的分类

按照固定资产的内容，可以分为以下六类：

1. 房屋及建筑物：是指房屋、建筑物及其附属设施。房屋包括办公用房、生产经营用房、仓库、职工生活用房、食堂用房、锅炉房等；建筑物包括道路、围墙、水塔、雕塑等；附属设施包括房屋、建筑物内的电梯、通讯线路、输电线路、水汽管道等。

2. 专用设备：是指各种具有专门性能和专门用途的设备，包括各种仪器和机械设备、医疗器械、文体事业单位的文体设备等。

3. 一般设备：是指办公和事务性用的通用性设备、交通工具、通讯工具、家具等。

4. 文物和陈列品：是指古玩、字画、纪念品、展品、藏品等。

5. 图书：是指图书馆（室）、阅览室等的图书、资料等。

6. 其他固定资产：是指上述以外的其他固定资产。

（二）固定资产的确认标准

制度规定，一般设备单位价值在 500 元以上，专用设备单位价值在 800

元以上，为固定资产。

对于单位价值未达到规定标准，但是使用时间在一年以上的大批同类物资，也按固定资产管理。

（三）固定资产的管理

为加强工会固定资产管理，全国总工会于2002年印发了《工会固定资产管理办法》，对固定资产的管理目标、原则、任务以及内容等进行了详细规定，是各级工会制定和加强固定资产管理的重要依据。其主要内容有：

1. 固定资产管理的目标

工会固定资产管理的目标是：维护工会资产的安全与完整，提高固定资产的使用效益，明确工会固定资产的保管责任，确保工会固定资产的保值增值。

2. 固定资产管理的基本原则

工会固定资产的管理和使用实行“统一领导、分级管理、责任到人、物尽其用”的原则。

3. 固定资产管理的主要任务

各级工会固定资产管理的主要任务是：建立健全各项管理制度；明晰产权关系，实施产权管理；合理配备并节约、有效使用固定资产，提高固定资产使用效益，保障固定资产的安全和完整。

4. 固定资产增减变动的管理

（1）购置固定资产应根据批准的年度预算执行。分清资金支出渠道，分别在相关科目中列支。

（2）购入、有偿调入和自制、自建完工交付使用增加的固定资产，应由单位资产管理部门及时组织验收，属于技术设备的还应会同技术部门验收，并建立技术档案。验收合格后，由单位资产管理部门根据发票、固定资产调拨单或基建、自制项目交付使用验收单据等凭证，填制固定资产增加通知单，办理有关入库、财务报销和使用单位领用等手续。

（3）接受捐赠、赞助、奖励或无偿调入或盘盈等增加的固定资产，应由单位资产管理部门接收和交接，并根据固定资产交接清单、发票或固定资产盘盈盘亏报批单等凭证，填制固定资产增加通知单，办理有关入库、财务报销和使用单位领用等手续。

（4）调出、变卖、投资、损失、报废、盘亏等减少固定资产的处置，由单位资产使用部门提出申请，单位资产管理部门审核鉴定、提出意见并报单位财务部门同意，经单位主管领导（或领导办公会议）审批，并报主管工会或上一级工会核准或备案，单位资产管理部门根据批件和有关资料办理调出或注销等固定资产减少手续。

（5）正常报废的固定资产，由单位资产管理部门按照国家规定的年限确定，对专用的仪器、器械等，应会同技术部门进行技术鉴定，根据鉴定意见及相关批件等，办理有关注销手续。

（6）非正常损失减少的固定资产，由单位资产管理部门会同技术部门进行技术鉴定后，要查明原因，明确责任。根据鉴定意见，对责任人的处理意见及相关批件等，办理有关注销手续。

（7）土地、房屋、建筑物、汽车等特殊资产的处置及非经营性资产转经营性资产时，均需单位资产管理部门提出申请，经单位领导办公会议（或常委会或委员会）决定，报主管工会或上级工会核准或备案。

（8）工会组织或事业单位撤销时，经清理后的全部价款和未处置的资产要全部移交到上一级工会或主管工会；工会组织或事业单位合并到其他单位时，其资产要并入到新的单位；工会组织分立时，其资产原则上按照职工人数分配。以上资产的处置，均由上一级工会核准；相关工会和事业单位根据批件和有关资料办理入账和注销手续。

（9）申报资产处置的手续，应根据不同情况提交下列有关文件、证件和资料：

①单位资产管理部门资产处置的申请函。

②单位分立、撤销、合并、改制、隶属关系改变等的批准文件。

③资产原始价值凭证的复印件。

④技术部门的鉴定意见。

⑤资产评估机构出具的有关资产评估报告。

⑥非正常损失情况说明及对责任人、有关领导的处理情况。

⑦申报单位的《中国工会资产产权登记证》复印件。

⑧工会固定资产处置的相关报批单。

（10）资产处置的变价收入和残值收入，除按规定上缴主管工会外，一律缴本单位财务，按照会计制度有关规定进行账务处理。

5. 固定资产的日常管理

固定资产日常管理，是指在日常工作或业务活动中对所需及占用的工会固定资产实施不间断的管理及核算，包括从编制固定资产预算、计划采购、验收入库、登记入账、领用发出到维修保养、处置等各个环节的实物管理和财务核算。按照规定，固定资产日常管理的主要内容有：

（1）各单位资产部门应就对本单位占有使用的由不同资金渠道形成的固定资产进行统一管理。由政府和行政拨给工会的固定资产，产权已界定为工会的，按工会资产管理；由工会使用保管的国有资产和非工会资产一律登记固定资产备查簿。

（2）在固定资产的日常管理中，各资产部门、财务部门、技术部门和使用部门既要分工，又要合作，共同努力管好资产。

财务部门和资产部门合署办公的，应指定不同人员分别代表财务部门和资产部门行使职能。其中：财务部门负责按固定资产的价值分类核算，审核固定资产预算，并对固定资产管理进行监督检查。资产部门负责对固定资产的预算编制、计划采购、验收入库、登记保管、领用发出、维修保养、调拨处置等进行具体管理，并负责分类进行实物量核算。根据各单位的实际情况，某些日常管理工作也可委托资产使用单位承担。技术部门参与专用设备的维修保养和技术鉴定。使用部门负责固定资产的合理、有效使用和日常维修管理。

（3）固定资产预算及购置计划既要根据实际需要又要注意节约，要根据各类资产的配备情况及使用标准合理配置，充分利用现有固定资产，防止闲置浪费。

（4）资产部门必须完善固定资产登记、入库、领用、处置、清查盘点等日常管理制度。使用部门必须指定专人负责办理本部门固定资产和其他物品的领用、保管、清点等工作。

（5）资产部门对验收入库及投入使用的固定资产，须建立《工会固定资产卡片》（见图4－3），并记入《工会固定资产明细账》，按物登卡、凭卡记账。对库存的固定资产，要按照各类资产的使用说明和存放要求进行保管，填写保管单并定期检查。库存固定资产未经管理人员同意，任何人不准领用或调换。处置固定资产须填写有关工会固定资产处置报批单，据单入账。使用部门领用固定资产须填写《工会固定资产领用（出库）单》，经主管资产的领导同意后，固定资产管理人员凭单填写固定资产使用记录，并记入《工会固定资产卡片》。未经批准，任何个人不得以任何理由占用固定资产。如需借用固定资产，须经主管资产的领导同意后，办理借用手续。

（6）资产管理部门对配备给个人使用的固定资产或物品，要建立领用、交还制度，并督促使用人爱护所用资产。工作人员离职时，应在其办理所用资产交还手续后，方可办理离职手续。

（7）资产管理部门、财务部门和使用部门应每半年对账一次，使账实、账卡、账账保持一致。每年年终对本单位的固定资产进行一次全面清查盘点，查明固定资产的实有数与账面结存数是否相符，固定资产的保管、使用、维修等情况是否正常。对清查盘点中发现的问题，应查明原因，说明情况，编制有关工会固定资产盘盈盘亏报批单，按管理权限核准后，调整固定资产账目。年终编制《工会固定资产年度增减变动统计表》，报主管工会和上一级工会。

（8）单位发生资产产权变动、财务和账务异常、资产损失和资金挂账严重或挂靠单位脱钩等情况，必须进行清产核资的，应由本单位资产管理部门报主管工会或上一级工会确定。

固定资产卡片（正面）

类别：　　　　　　　　　　　　　　　　　　卡片号：

<table>
<tr><td>资产名称</td><td>规格型号</td><td>单位</td><td>数量</td><td>单价（元）</td><td>金额（元）</td><td colspan="2">资产来源</td></tr>
<tr><td></td><td></td><td></td><td></td><td></td><td></td><td colspan="2"></td></tr>
<tr><td>入账时间</td><td>启用时间</td><td colspan="2">建卡时间</td><td>报废时间</td><td>存放地点</td><td>使用单位</td><td>使用保管人</td></tr>
<tr><td>年 月 日</td><td>年 月 日</td><td colspan="2">年 月 日</td><td>年 月 日</td><td></td><td></td><td></td></tr>
<tr><td>附件名称</td><td>规格型号</td><td>单位</td><td>数量</td><td>单价（元）</td><td>金额（元）</td><td colspan="2">资产来源</td></tr>
<tr><td></td><td></td><td></td><td></td><td></td><td></td><td colspan="2"></td></tr>
<tr><td></td><td></td><td></td><td></td><td></td><td></td><td colspan="2"></td></tr>
<tr><td></td><td></td><td></td><td></td><td></td><td></td><td colspan="2"></td></tr>
<tr><td></td><td></td><td></td><td></td><td></td><td></td><td colspan="2"></td></tr>
</table>

资产负责人：　　　　　　　　　　　　　　　　填卡人：

使用更新、改造、大修情况记录（反面）

<table>
<tr><td>日期</td><td colspan="3">转出单位</td><td colspan="4">接收单位</td><td rowspan="2">更新、改造、大修</td></tr>
<tr><td>年 月 日</td><td>资产名称</td><td>经办人</td><td>负责人</td><td>资产名称</td><td>经办人</td><td>保管人</td><td>负责人</td></tr>
<tr><td></td><td></td><td></td><td></td><td></td><td></td><td></td><td></td><td></td></tr>
<tr><td></td><td></td><td></td><td></td><td></td><td></td><td></td><td></td><td></td></tr>
<tr><td></td><td></td><td></td><td></td><td></td><td></td><td></td><td></td><td></td></tr>
<tr><td></td><td></td><td></td><td></td><td></td><td></td><td></td><td></td><td></td></tr>
<tr><td></td><td></td><td></td><td></td><td></td><td></td><td></td><td></td><td></td></tr>
<tr><td></td><td></td><td></td><td></td><td></td><td></td><td></td><td></td><td></td></tr>
</table>

说明：此卡片由单位资产部门填制、分类管理，一件固定资产一个卡片。

图4－3　固定资产卡片账格式（正反面）

（四）固定资产的科目设置

为全面记录和反映工会固定资产的增减变动，制度规定应设置“在建工程”和“固定资产”两个科目，核算固定资产的增减变动。

“固定资产”科目用于核算工会拥有或控制的各项固定资产原值。借方表示固定资产的增加，贷方表示固定资产的减少。期末借方余额，反映固定资产的原值。

为便于管理和核算，制度要求，各级工会在对固定资产项目进行核算时，应按类别、品名进行明细核算。

（五）固定资产的账务处理

1. 固定资产的计价

根据《工会固定资产管理办法》，固定资产的取得按历史成本计价，不实行折旧。实际工作中，历史成本因固定资产形成渠道不同而有所差异，具体为：

（1）购入、有偿调入的固定资产，以实际支付的买价、调拨价以及运杂费、保险费、安装费、车辆购置附加费等记账。

（2）自行建造的固定资产，以建造过程中实际发生的全部支出记账。

（3）对原有固定资产进行改建、扩建的，按改建、扩建发生的支出，减去改建、扩建过程中发生的变价收入后的净增值，计入固定资产价值。固定资产修理费用直接计入当期支出。

（4）接受捐赠、赞助、奖励和无偿调入的固定资产，以其公允价值或者有关凭证注明的金额（加上接受固定资产时发生的相关费用）记账。

（5）盘盈的固定资产按照重置完全价值入账。

（6）已投入使用，但尚未办理移交手续的固定资产，可先按估价入账，待确定实际价值后，再进行调整。

（7）用外币进口的设备，按当日汇率折合人民币金额，加上国外部分的运费及其他费用（外币应折合成人民币金额），再加上支付的关税、海关手续费等计价入账。

（8）融资租入的固定资产，按租赁协议确定的设备价款、运杂费、安装费等记账。

（9）购置固定资产过程中发生的差旅费不计入固定资产价值。

需要特别强调，固定资产入账价值一经确定，在持有期间既一般不用计提折旧（特殊情况也可以计提，但折旧的方法一般采用直线法），也不允许对账面价值进行变动，除非发生下列情况：

（1）根据国家规定对固定资产进行重新估价的。

（2）增加补充设备或改良装置的。

（3）将固定资产一部分拆除的。

（4）根据实际价值调整原来暂估价值的。

（5）发现原来记录固定资产价值有误的。

相关制度要求，固定资产的价值变动，由各单位资产管理部门负责办理相关事项。需要评估的工会固定资产，按照国家有关规定，聘请相应资质的中介机构进行评估。各单位不得干预中介机构的独立执业。要规范程序，及时申办有关核准或备案手续后，通知单位财务部门，对固定资产有关账目作相应调整。

2. 购入、有偿调入固定资产的核算

按照规定，工会购入或调入固定资产，应履行相应的内部程序办理固定资产的验收、保管和使用责任。固定资产购入或调入时，借记“资本性支出”等科目，贷记“银行存款”等科目，同时借记“固定资产”科目，贷记“固定基金”科目。

例 4.10：某工会经批准用银行存款购买一批办公用计算机，价值 8 万元。根据购买发票和结算单据，编制会计分录：

借：资本性支出—办公设备购置　　80 000

　贷：银行存款　　80 000

同时：

借：固定资产——一般设备　　80 000

　贷：固定基金　　80 000

3. 自行建造固定资产的核算（参见“在建工程”核算）

4. 无偿调入，接受捐赠、赞助、奖励固定资产的核算

工会接受的无偿调入，接受捐赠、赞助、奖励的固定资产在取得时应按以其公允价值或者有关凭证注明的金额（加上接受固定资产时发生的相关费用）记账。借记“固定资产”科目，贷记“固定基金”科目。

例 4.11：某工会接受上级工会无偿调入小汽车一部，相关单据注明金额为 16 万元。根据调入通知和接受固定资产等相关单据，编制会计分录：

借：固定资产——一般设备　　160 000

　贷：固定基金　　160 000

5. 以固定资产对外进行股权投资的核算

按照规定，工会以固定资产对外进行股权投资时，应按照固定资产的评估价等，借记“投资”科目，贷记“投资基金”科目；同时，按投出固定资产的账面原值，借记“固定基金”科目，贷记“固定资产”科目。

例 4.12：某工会以图书馆用库存图书 18 万元与某公司合资成立职工书屋。该批图书的评估价格为 15 万元。根据有关单据，编制会计分录：

借：投资—职工书屋　　150 000

　贷：投资基金　　150 000

同时：

借：固定基金　　180 000

　贷：固定资产—图书　　180 000

6. 固定资产出售（处置）的核算

按照规定，工会出售（处置）固定资产，应经过相应的审批程序，并按账面原值，借记“固定基金”科目，贷记“固定资产”科目，取得的收入扣减相关支出后的净收入（或损失），计入当期收入（支出），借记“银行存款”等科目，贷记“其他收入”科目。

例 4.13：某工会出售一批不需要的办公用计算机，原值 5 万元，变卖价格 2 万元，支付与清理相关的费用 2 000 元。根据相关单据，编制会计分录：

借：固定基金　　50 000

　贷：固定资产——一般设备　　50 000

同时：

借：银行存款　　18 000（20 000 - 2 000）

　贷：其他收入—资产处置收入　　18 000

7. 固定资产清查的核算

为保证固定资产账实相符，按照规定，工会必须每年对固定资产盘点一次，对盘盈、盘亏、报废或毁损的，资产监督管理部门应当查明原因，写出书面报告，按规定报经批准认定后及时进行账务处理，同时将有关情况在会计报表说明中加以披露。

（1）固定资产盘盈的核算

资产清查时，对盘盈的固定资产，根据经批准的固定资产盘点报告，按照盘盈的固定资产的公允价值入账，并相应增加固定基金，借记“固定资产”科目，贷记“固定基金”科目。

例4.14：某工会年末对固定资产进行清查时，盘盈图书一批，公允价值为5 000元。根据盘点报告经批准后，编制会计分录：

借：固定资产—图书　　5 000

　贷：固定基金　　5 000

（2）固定资产盘亏的核算

资产清查时，应根据经批准的固定资产盘点报告，对盘亏的固定资产按账面原值，借记“固定基金”科目，贷记“固定资产”科目。如果有责任人赔偿，应将固定资产原值扣除责任人赔偿后的余额作为固定资产和固定基金的入账金额。

例4.15：某工会年末对固定资产清理时，发现用于陈列的纪念品少了2件，每件账面原价为3 000元。按照规定，应由保管人员陈华按照账面原价的30%进行赔偿，根据有关单据，编制会计分录：

借：固定基金　　4 200

　　其他应收款—陈华　　1 800（3000×2×30%）

　贷：固定资产—文物和陈列品　　6 000（3000×2）

收到保管员赔偿款时：

借：库存现金　　1 800

　贷：其他应收款—陈华　　1 800

8. 固定资产毁损、报废的核算

按照规定，毁损、报废的固定资产，应按账面原值，借记“固定基金”科目，贷记“固定资产”科目。同时，按清理过程中取得的变价收入，借记“库存现金”、“银行存款”等科目，按清理过程中发生的支出，贷记“库存现金”、“银行存款”等科目，按清理后的净收入（或净支出），贷记“其他收入”科目或借记“其他支出”科目。

例4.16：某工会将不需要的一批办公设备经批准后报废处理，该批设备账面原值为4万元，用现金支付相关费用1500元，报废资产变价收入为6 000元。根据相关单据，编制会计分录：

借：固定基金　　40 000

　贷：固定资产——一般设备　　40 000

同时：

借：其他支出—固定资产清理支出　　1 500

　贷：库存现金　　1 500

借：库存现金　　6 000

贷：其他收入　　6 000

需要说明的是，实际工作中，除了要加强固定资产价值核算外，各级工会还应按照要求，加强固定资产的实物管理。因此，与固定资产核算相关的账簿记录应包括两个层面：一是用于记录和反映固定资产变动和结存的总账和明细账；二是建立固定资产卡片账，对固定资产的品名、型号、规格以及维修记录等情况进行详细记录。

会计期末（月末或年末），直接将“在建工程”和“固定资产”的账户余额填报在资产负债表中的对应项目。

第五章　工会负债核算

负债是指，工会承担的能以货币计量的，需以资产偿付的债务，它包括借入款、应付个人收入、应付款项等。

工会是依法成立的社团法人，要对负债承担相应的责任，在法律上形成一定的债权债务关系。债权人为保证负债能够按时收回、降低风险，伴随着负债常常规定一定的限制条件，如规定贷款的金额、利率、偿还方式、偿还时间、款项用途等。各级工会组织对应付款项应按照规定的条件，按期足额偿还。对这部分资金只要善加利用，对于工会开展活动、发展工会事业应该是有利的。各级工会应在做好各项债务的核算、如实反映各项债务的增减变化、加强债务管理的基础上，合理调度资金以有效防范债务风险。

根据“资产 = 负债 + 净资产”可以看出，各级工会资产的来源除了净资产的增加外，还有一个途径，即举债。加强债务核算，有利于各级工会有效防范财务风险，确保工会的持续运行，更好地服务和维护职工权益、促进工运事业的发展。

一、负债会计核算的基本要求

（一）建立和完善与负债核算相关的内部控制体系

各级工会在建立与负债有关的内部控制体系时，应注意以下几个问题：

1. 建立和完善与负债相关的岗位责任制，确保负债的取得、偿还以及利息的支付等相关业务活动相互监督、制约和复核。

2. 建立和完善与债务资金相关的合同、单据的管理，并定期或不定期对合同和单据的使用情况进行检查。

3. 建立和完善与负债相关的决策制度，应实行集体决策制度并形成相应的文字记录。

（二）明确负债的确认标准，确保收入核算的合法性、准确性和完整性

工会会计以收付实现制为基础，以权责发生制为补充。各级工会在进行负债核算时，一般应按照是否收到现金作为负债确认的基础；但在涉及上下级工会经费分解问题时，也可以根据实际情况，按照权责发生制确认相应的负债，如应付上级经费或者应付下级经费等。

在对负债进行核算时，应严格按制度规定执行，不得隐匿债务，更不允许为逃避债务而进行不当的债务行为。

（三）规范科目设置，确保负债核算方法一致、口径相同、信息可比

如前所述，各级工会在进行负债核算时，必须做到科目统一、核算规范、内容明确、要素完整。凡是制度规定的统一科目（含明细科目，下同），可以不用，但不能更改；凡是制度没有规定的科目，可以自行增设，但在相关数据汇总时，应予以调整，确保收入核算方法一致、口径相同、信息可比。

二、应付个人收入核算

应付个人收入是指，按照规定由工会支付给相关人员（在职人员、离休人员和退休人员等）工资、津贴补贴以及其他款项。广义而言，应付个人收入实际上是广义的“工资”概念。

实际工作中，尽管相关人员的工资都由工会发放，但不同人员的经费保障渠道可能存在差异，因此，具体核算时，需要将“人头”与“经费保障渠道”相联系，以合理划分工会经费的使用范畴。如制度规定，各级工会机关的在职职工、工会机关离退休干部，其经费保障由国家财政予以拨付，工会具有事实上的“代发”功能。因此，在国库支付集中支付改革后，工会本身并不需要提供资金，而只需要将相关名单提供给国库支付代理行即可。

（一）应付个人收入的科目设置

由于应付个人收入涉及工资（离退休费）、津贴补贴以及其他收入等不同类别，因此，制度规定，应付个人收入包括应付工资（离退休费）、应付地方（部门）津贴补贴、应付其他个人收入。工会应按个人收入的类别（工资和福利、津贴或补贴以及其他补助等）分别设置“应付工资（离退休费）”、“应

付地方（部门）津贴补贴”和“应付其他个人收入”三个科目。

1. 应付工资（离退休费）

应付工资（离退休费）是指，应付未付给本单位职工的工资及离退休费。其中，工资是指，按国家统一规定发放给在职人员的职务工资、级别工资、年终一次性奖金以及经国务院或人事部、财政部批准设立的津贴补贴等。离退休费是指，按国家统一规定发放给离退休人员的离休、退休费及经国务院或人事部、财政部批准设立的津贴补贴。实际工作中，此部分债务的经费一般由财政预算资金保障并按规定进行支付。

对该项应付个人收入，制度规定设置“应付工资（离退休费）”科目，专门核算各级工会向本单位职工发放的工资或离退休费。该科目的贷方记录增加，表示应付但未付给职工的个人收入；借方记录减少，表示实际支付给职工的个人收入。一般情况下，该科目没有余额，表示工会与职工个人在工资方面的往来已经结清。

实际工作中，为便于应付个人收入的管理，各级工会可以根据需要，按照职工的类别（如在职工、离休职工和退休职工等）设置明细核算，以区分不同人员的工资来源及其经费渠道，也为工资分析和预算编制提供依据。

2. 应付地方（部门）津贴补贴

地方（部门）津贴补贴是指，各地区各部门各单位出台的津贴补贴。应付地方（部门）津贴补贴是指，应付未付给本单位职工的地方（部门）津贴补贴。实际工作中，此部分经费保障的总体原则是：谁规定、谁保障。

制度规定，工会应设置“应付地方（部门）津贴补贴”，核算各级工会向本单位职工发放的各类地方（部门）津贴补贴。和应付工资（离退休费）一样，实际工作中，工会可以根据需要在本科目下设置在职人员、离休人员、退休人员等明细科目。

该科目的贷方表示增加，表示应付但未付给职工的个人地方（部门）津贴补贴；借方记录减少，表示实际支付给职工的个人地方（部门）津贴补贴。一般情况下，该科目没有余额，表示工会与职工个人在津贴补贴方面的往来已经结清。

3. 应付其他个人收入

其他个人收入是指，按国家规定发给个人除上述以外的其他收入，包括误餐费、夜餐费，出差人员伙食补助费、市内交通费，出国人员伙食费、公杂费、个人国外零用费，发放给个人的一次性奖励等。应付其他个人收入是指，应付未付给本单位职工的其他个人收入。

制度规定，对工资、津贴补贴以外的职工个人收入，如奖金、社会保障缴费、伙食补助费等，应设置“应付其他个人收入”科目进行核算。该科目贷方记录增加，借方记录减少，期末一般无余额。和工资、津贴补贴核算一样，工会也可以根据需要在该科目下按职工类别（在职职工、离休职工和退休职工等）设置明细科目，具体核算其他收入。

（二）应付个人收入的账务处理

1. 应付工资（离退休费）的核算

制度规定，在工会实际发放工资（离退休费）时，借记“行政支出”等科目，贷记“应付工资（离退休费）”科目；同时，借记“应付工资（离退休费）”科目，贷记“银行存款”、“零余额账户用款额度”等科目。

例 5.1：某工会共发放当月工资 30 万元，其中在职职工 25 万元，离休职工 2 万元，退休职工 3 万元。其中，在职职工工资总额的 80%（其余从本单位银行账户支付）和离退休人员工资全部由财政支付。根据工资明细表和相关单据，编制会计分录：

借：行政支出—工资福利支出　　300 000
　贷：应付工资（离退休费）—在职职工　　250 000
　　　应付工资（离退休费）—离休职工　　20 000
　　　应付工资（离退休费）—退休职工　　30 000

同时，按照经费来源渠道结清应付工资（离退休费用）负债，编制会计分录：

借：应付工资（离退休费）—在职职工　　250 000
　　应付工资（离退休费）—离休职工　　20 000
　　应付工资（离退休费）—退休职工　　30 000
　贷：零余额账户用款额度　　250 000
　　　银行存款　　50 000［25 万 ×（1 − 80%）］

2. 应付地方（部门）津贴补贴的核算

在工会实际发放地方（部门）津贴补贴时，借记“行政支出”等科目，贷记“应付地方（部门）津贴补贴”科目；同时，借记“应付地方（部门）津贴补贴”科目，贷记“银行存款”、“零余额账户用款额度”等科目。

例 5.2：某工会当月共发放职工部门津贴 5 万元，其中在职职工 3 万元，离休职工 1 万元，退休职工 1 万元。根据津贴发放明细表和相关单据，编制会计分录：

借：行政支出—工资福利支出　　50 000

　贷：应付地方（部门）津贴补贴—在职职工　　30 000

　　　应付地方（部门）津贴补贴—离休职工　　10 000

　　　应付地方（部门）津贴补贴—退休职工　　10 000

同时，按照经费来源渠道结清部门（地方）津贴补贴负债，编制会计分录：

借：应付地方（部门）津贴补贴—在职职工　　30 000

　　应付地方（部门）津贴补贴—离休职工　　10 000

　　应付地方（部门）津贴补贴—退休职工　　10 000

　贷：零余额账户用款额度　　44 000

　　　银行存款　　6 000

3. 应付其他个人收入的核算

在工会实际支付个人除工资、津贴补贴以外的收入时，借记“行政支出”等科目，贷记“应付其他个人收入”科目；同时，借记“应付其他个人收入”科目，贷记“银行存款”、“零余额账户用款额度”等科目。

例 5.3：某工会当月发放上年度考核奖金共 10 万元，按规定 80% 由财政资金支付，其余部分由本单位支付。根据相关单据，编制会计分录：

借：行政支出—工资福利支出　　100 000

　贷：应付其他个人收入—在职职工　　100 000

同时，按照经费来源渠道结清应付其他个人收入负债，编制会计分录：

借：应付其他个人收入—在职职工　　100 000

　贷：零余额账户用款额度　　80 000

　　　银行存款　　20 000

三、借入款核算

借入款指工会借入的款项。

（一）借入款的科目设置

制度规定，各级工会发生的借入款项，应设置“借入款”科目，反映本级工会系统内的借款。该科目的贷方表示款项的借入，借方表示款项的偿还。期末贷方余额，反映工会尚未偿还的借入款项。

为便于借入款债务的管理，工会可以根据需要在科目下按债权人单位设置明细账，如有必要，还可以设立相应的备查簿进行辅助核算，以全面反映借入款项的性质、金额、期限、利率等事项。

（二）借入款的账务处理

工会借入款项时，应借记“银行存款”科目，贷记“借入款”科目；归还借款时，借记“借入款”科目，贷记“银行存款”等科目。

例5.4：某工会经同意向上级工会借入办公楼改建资金500万元，双方约定利率为8%，借款期限6个月。款项收到后，根据借款合同及银行进账单，编制会计分录：

借：银行存款　　5 000 000

　贷：借入款—上级工会　　5 000 000

假定该借款到期，按约定向上级工会支付本息，根据相关单据，编制会计分录：

借：借入款—上级工会　　5 000 000

　　其他支出—利息支出　　200 000

　贷：银行存款　　5 200 000

如果上述借入款到期后无力偿还，经商上级工会，同意该款不用偿还，且转为对该级工会的回拨补助款，但借款期间产生的利息仍应偿还。根据相关文件和单据，编制会计分录：

借：借入款—上级工会　　5 000 000

　贷：上级补助收入—回拨补助　　5 000 000

借：其他支出—利息支出　　200 000

　贷：银行存款　　200 000

四、应付款项核算

应付款项是指，各级工会在业务活动中形成的与经费往来有关的债务和与经费无关的其他往来债务。

（一）与经费往来有关的应付款项核算

此类往来款债务主要指，本级工会按照规定应上缴上级工会的经费（包括建会筹备金）或者应转拨下级工会的经费（含建会筹备金）以及应支付给下级工会的相关补助等。

1. 科目设置

为全面记录和反映本级工会与上下级工会之间有关经费的往来款负债，制度规定，应分别设置“应付上级经费”和“应付下级经费”科目，反映本级工会与上下级工会因经费而形成的应付款项。

（1）应付上级经费

应付上级经费是指，本级工会按规定应上缴的工会经费及建会筹备金。为反映本级工会应上缴上级工会的经费，制度规定应设置“应付上级经费”科目，核算工会按规定应上缴的工会经费及建会筹备金。该科目的贷方记录增加，表示应上解的经费，借方记录减少，表示实际上解的经费，期末贷方余额，反映工会应缴上级但尚未上缴的经费。

为便于区分上解经费的类别，制度规定，工会可以根据需要在“应付上级经费”科目下设置“应上缴经费”、“应上缴建会筹备金”等明细科目。

（2）应付下级经费

应付下级经费是指，本级工会应付下级工会的各项补助以及应转拨下级工会的工会经费和建会筹备金。为反映本级工会应支付的下级工会经费等，制度规定应设置“应付下级经费”科目。该科目的贷方记录增加，表示应拨付下级而还未拨付的经费或补助款；借方记录减少，表示实际支付或转拨给下级工会的经费或补助。

为分清本级工会转拨和补助下级工会经费的具体构成，制度规定，应在“应付下级经费”科目下分别设置以下明细科目来反映不同的经费类别：

①应付下级补助：核算工会应拨付给下级工会的回拨、专项和超收等各项补助。

②应付下级转拨经费：核算工会采用税务代收、财政划拨的形式收缴的工会经费中应划转给下级工会，作为下级工会拨缴经费收入的部分。

③应付建会筹备金：核算工会采用税务代收、财政划拨的形式收缴的建会筹备金中应划转给下级工会，作为下级工会拨缴经费收入的部分和需返还给筹建单位工会的部分。

2. 应付上级经费核算

制度规定，本级工会收到工会经费，按下级工会经费收缴报告表中的相关金额或实际收到的总金额，借记“应收下级经费”、“银行存款”等科目，按规定属于本级工会的部分，贷记“拨缴经费收入”科目；按规定应上缴上级工会的部分，贷记“应付上级经费”科目；按规定应转拨下级工会的部分，贷记“应付下级经费—应付下级转拨经费”科目。

实际上缴工会经费时，借记“应付上级经费”科目，贷记“银行存款”科目。

例5.5：某工会收到税务代收工会经费300万元，按照经费分解办法的规定，属于本级工会的比例为15%，应上缴上级工会的比例为10%，其余部分应转拨下级工会。根据银行进账单和经费收缴等相关单据，编制会计分录：

借：银行存款　3 000 000

　贷：拨缴经费收入　450 000（300 万元 ×15%）

　　应付上级经费—应上缴经费　300 000（300 万元 ×10%）

　　应付下级经费—应付下级转拨经费　2 250 000

实际上缴和转拨经费时，根据相关单据，编制会计分录：

借：应付上级经费—应上缴经费　300 000

　应付下级经费—应付下级转拨经费　2 250 000

　贷：银行存款　2 550 000

如果本级工会收到的是建会筹备金，制度规定，收到建会筹备金后，按实际收到的总金额，借记“银行存款”科目，按规定属于本级工会的部分，贷记“拨缴经费收入”科目，按规定应上缴上级工会的部分，贷记“应付上级经费—应上缴建会筹备金”科目，按规定应转拨下级工会或需返还筹建单位工会的部分，贷记“应付下级经费—应付建会筹备金”科目；实际上缴上级工会的经费，借记“应付上级经费—应上缴建会筹备金”科目，贷记“银行存款”科目。

例 5.6：某工会收到建会筹备金 40 万元，按照经费分成比例，属于本级工会的比例为 15%，应上缴上级工会的比例为 10%，其余部分应转拨下级工会。根据银行进账单和经费收缴等相关单据，编制会计分录：

借：银行存款　400 000

　贷：拨缴经费收入　60 000（40 万元 ×15%）

　　应付上级经费—应上缴建会筹备金　40 000（40 万元 ×10%）

　　应付下级经费—应付建会筹备金　300 000

实际上缴和转拨建会筹备金时，根据相关单据，编制会计分录：

借：应付上级经费—应上缴建会筹备金　40 000

　应付下级经费—应付建会筹备金　300 000

　贷：银行存款　340 000

3. 应付下级经费核算

(1) 应付下级补助核算

上级工会补助下级工会的主要项目包括：回拨补助、专项补助、超收补助、帮扶补助、送温暖补助、救灾补助和其他补助等项目。就本级工会而言，上述补助款项一般是在工会年末清算时发生并下发补助通知。基本账务处理为：下发补助通知时，本级工会借记“补助下级支出”科目，贷记“应付下级经费—应付下级补助”；次年（下年度），实际拨付补助时，借记“应付下级经费—应付下级补助”，贷记“银行存款”科目。

例5.7：某工会根据年末清算时，按照规定应向下级工会支付超收补助款100万元，并下发了补助通知。根据补助通知的金额，编制会计分录：

借：补助下级支出—超收补助　　1 000 000

　贷：应付下级经费—应付下级补助　　1 000 000

下年度，实际支付下级工会补助款后，根据银行结算单据等相关凭证，编制会计分录：

借：应付下级经费—应付下级补助　　1 000 000

　贷：银行存款　　1 000 000

（2）应付下级转拨经费核算

经费采用税务代收、财政划拨方式收缴工会经费的，本级工会按实际收到的总金额，借记“银行存款”科目，按规定属于本级工会的部分，贷记“拨缴经费收入”科目，按规定应上缴上级工会的部分，贷记“应付上级经费—应上缴经费”科目，按规定应转拨下级工会的部分，贷记“应付下级经费—应付下级转拨经费”科目；实际转拨下级工会经费后，借记本科目，贷记“银行存款”科目。

如果本级工会收到的上级工会转拨经费还需要继续向下拨付的，本级工会应在收到上级工会通过财政部门划拨、税务部门代收的工会经费，按上级工会经费转拨通知中的金额或实际收到的总金额，借记“应收上级经费—应收上级转拨经费”、“银行存款”科目，按规定属于本级工会的部分，贷记“拨缴经费收入”科目，按规定应转拨下级工会的部分，贷记“应付下级经费—应付下级转拨经费”科目；实际转拨下级工会的经费后，借记本科目，贷记“银行存款”科目。

例5.8：某工会收到上级工会转拨经费100万元，按规定，该经费20%留在本级，其余部分按要求转拨给下一级工会。根据银行进账单及相关单据，编制会计分录：

借：银行存款　　1 000 000

　贷：拨缴经费收入　　200 000（100万元×20%）

　　　应付下级经费—应付下级转拨经费　　800 000

实际支付下级经费时，根据银行结算单等相关单据，编制会计分录：

借：应付下级经费—应付下级转拨经费　　800 000

　贷：银行存款　　800 000

（3）应付建会筹备金核算

制度规定，本级工会通过税务部门代收、财政部门划拨的建会筹备金，按实际收到的总金额，借记“银行存款”科目，按规定属于本级工会的部分，贷记“拨缴经费收入”科目，按规定应上缴上级工会的部分，贷记“应付上级经费—应上缴建会筹备金”科目，按规定应转拨下级工会或需返还给筹建单位工会的部分，贷记“应付下级经费—应付建会筹备金”科目；实际上缴或转拨建会筹备金时，借记“应付上级经费—应上缴建会筹备金”和“应付下级经费—应付建会筹备金”科目，贷记“银行存款”。

如果本级工会收到上级工会通过财政部门划拨、税务部门代收的建会筹备金，按上级工会有关建会筹备金转拨通知中的金额或实际收到的总金额，借记“应收上级经费—应收建会筹备金”、“银行存款”科目，按规定属于本级工会的部分，贷记“拨缴经费收入”科目，按规定应转拨下级工会或需返还给筹建单位工会的部分，贷记“应付下级经费—应付建会筹备金”科目；实际支付时，借记“应付下级经费—应付建会筹备金”科目，贷记“银行存款”。

如果本级工会需要返还基层单位工会的建会筹备金，借记“应付下级经费—应付建会筹备金”科目，贷记“银行存款”科目。

本级工会对不需返还基层单位的建会筹备金，借记“应付下级经费—应付建会筹备金”科目，按规定属于本级工会的部分，贷记“拨缴经费收入”科目，规定应上缴上级工会的部分，贷记“应付上级经费—应上缴建会筹备金”科目。“应付下级经费—应付建会筹备金”科目，期末贷方余额，反映应拨付下级但尚未拨付的经费。

例5.9：某工会本月收到税务代收建会筹备金80万元，按规定，本级留20%，其余回拨基层工会。根据相关单据，编制会计分录：

借：银行存款　　800 000

　贷：拨缴经费收入　　　　　　　　160 000（80万元×20%）

　　　应付下级经费—应付建会筹备金　　640 000

实际拨付基层工会建会筹备金时，根据相关单据，编制会计分录：

借：应付下级经费—应付建会筹备金　　640 000

　贷：银行存款　　640 000

如果上述建会筹备金不需要返还基层工会，按规定，本级工会留存30%，其余上解上级工会，根据相关单据，编制会计分录：

借：应付下级经费—应付建会筹备金　　640 000

　贷：拨缴经费收入　　　　　　　　　192 000（640000×30%）

应付上级经费—应上缴建会筹备金　　448 000

实际向上级工会上缴建会筹备金时，根据银行结算等相关单据，编制会计分录：

借：应付上级经费—应上缴建会筹备金　　448 000

　贷：银行存款　　448 000

（二）其他应付款核算

其他应付款是指，除上下级经费往来款以外的其他负债，包括单位内部或日常活动中的临时性应付款或暂存款项。

1. 科目设置

制度规定，工会应设置“其他应付款”科目，对该业务进行核算。该业务的贷方记录增加，借方记录减少，期末余额一般在贷方，表示尚未支付的其他应付及暂存款项。

为便于其他应付款的管理，制度规定，工会在其他应付款核算时，应按照单位或个人设置明细科目，进行明细核算。

2. 账务处理

制度规定，工会发生其他应付及暂存款项，借记“库存现金”、“银行存款”等科目，贷记“其他应付款”科目。支付款项时，借记“其他应付款”科目，贷记“银行存款”等科目。

例 5.10：某工会代收下级工会参加培训会议所缴纳的会务费 3 000 元。根据相关单据，编制会计分录：

借：库存现金　　3 000

　贷：其他应付款—×××下级工会　　3 000

该下级工会向会务机构实际支付该款项时，根据相关单据，编制会计分录：

借：其他应付款—×××下级工会　　3 000

　贷：库存现金　　3 000

需要说明的是，工会日常活动中发生的代收代付款项，与代收代付业务相关的票据（如发票等），应交由委托代收代付的单位进行会计核算。

五、代管经费核算

（一）代管经费的科目设置

制度规定，工会应设置“代管经费”科目，核算本单位或本系统党团组织及单位行政委托工会代管的、有指定用途的、不属于工会收入的经费，如代管的党费、团费、职工互助金等。该科目的贷方记录增加，表示本级工会收到代管经费；借方记录减少，表示代管经费的实际支出，期末贷方余额，反映尚未使用的代管经费。

由于代管经费具有“指定用途”的性质，因此，为便于详细核算工会代管经费的类别，制度要求工会应按拨入代管经费的项目或单位设置明细科目，以进行明细核算。

（二）代管经费的账务处理

工会收到代管经费时，借记“银行存款”科目，贷记“代管经费”科目，实际支出时，借记“代管经费”科目，贷记“银行存款”科目。

例 5.11：某集团公司工会受行政之托代管本单位职工互助金。当月，收到行政划拨的此项款 200 万元，当月实际支付职工互助金 180 万元。根据银行进账单等相关单据，编制会计分录：

收到代管经费时：

借：银行存款　　2 00 000

　贷：代管经费—职工互助金　　2 000 000

发放时：

借：代管经费—职工互助金　　2 000 000

　　银行存款　　2 000 000

需要说明的是，一些单位利用工会账户的特殊性质，往往将一些不合规或不合理的资金划入工会账户进行管理，相关资金的使用也通过工会账户进行，比如一些单位为逃避薪酬监管，将部分资金先划到工会账户后再以工资方式进行发放。从财经纪律的角度，无论是行政财务还是工会财务都存在明显的违反财经纪律的行为，行政财务有逃避代扣代缴职工个人所得税之嫌，也有可能存在资金账外循环等可能；而对工会财务而言，不仅违背工会自身的财务制度，牺牲工会财务工作的“公信力”，而且按照银行账户管理的规定，有出租、出借账户之嫌，因为工会和行政是两个独立的法人，并且也是两个独立的会计主体。

总之，工会在受托代管经费时，一定要按照法律法规和工会财务制度的规定，明确代管经费的范围和内容，遵守财经纪律，确保工会财务行为的合法、合规，维护工会资产的安全和完整。

第六章 工会净资产核算

净资产是各级工会资产来源的重要途径，是各级工会在持续运作中所形成的资产剩余，是各级工会保障财务安全、防范财务风险的重要物资基础，是衡量工运事业发展的重要依据。做好工会净资产的会计核算，既是会计制度的要求，也是各级工会的重要管理任务。

从数量上看，净资产是工会特定时间的资产减去负债后的余额，它包括固定基金、在建工程占用资金、投资基金、专用基金、后备金、结余。

一、固定基金核算

固定基金是指，工会固定资产占用的基金。制度规定，固定基金应当按照实际发生额入账；需要说明的是，各级工会固定基金的来源是固定资产，在数量上与固定资产的账面价值相等。

（一）固定基金的科目设置

和营利性组织会计体系不同，工会固定资产一经入账一般不计提折旧。为记录和反映工会日常活动中所需固定资产占用的经费，制度规定，各级工会应专门设置“固定基金”科目，核算工会购入、调入、建造、盘盈、接受捐赠固定资产所形成的基金，以及拆除、盘亏、毁损、捐出固定资产等原因减少的固定基金。该科目的贷方表示固定基金的增加，借方表示固定基金的减少，期末贷方余额，反映工会拥有的固定基金总值。

（二）固定基金的账务处理

1. 固定基金增加的核算

固定基金增加与固定资产增加业务密切相关。实际工作中工会固定资产增加的途径很多，但并非所有的固定资产增加行为与固定基金都有必然联系。比如工会所属一些实体发生的资产互换、债务重组或者接受投资等活动，与固定基金没有关系。但需要说明的是，对于工会系统（上下级工会组织之间）资产互换或者债务重组等事项，在业务发生后，也应纳入“固定基金”核算范围。

(1) 购入或有偿调入固定资产引起固定基金增加的核算

制度规定，各级工会购入或接受有偿调入固定资产时，借记“固定资产”科目，贷记“固定基金”科目，同时借记“资本性支出”等科目，贷记“银行存款”等科目。

例6.1：某工会经批准用银行存款购买公务用小汽车一辆，车价为20万元，车辆购置费等相关费用2万元，款项已用转账支票支付。根据购买发票和支票存根等相关单据，编制会计分录：

借：资本性支出—交通工具购置　220 000

　贷：银行存款　220 000

同时：

借：固定资产——一般设备　220 000

　贷：固定基金　220 000

(2) 自行建造固定资产引起固定基金增加的核算

制度规定，各级工会发生基建支出时，借记“在建工程”科目，贷记“在建工程占用资金”科目，同时借记“资本性支出”科目，贷记“银行存款”科目。工程完工时，借记“固定资产”科目，贷记“在建工程”科目，同时借记“在建工程占用资金”科目，贷记“固定基金”科目。

例6.2：某工会经批准对职工游泳池进行改扩建，共支出费用80万元。根据相关单据，编制会计分录：

改扩建时：

借：在建工程—职工游泳池改扩建　800 000

　贷：在建工程占用资金　800 000

同时：

借：资本性支出—大型修缮　800 000

　贷：银行存款　800 000

改扩建完工后：

借：固定资产—房屋建筑物　800 000

　贷：在建工程—职工游泳池改扩建　800 000

同时：

借：在建工程占用资金　800 000

　贷：固定基金　800 000

(3) 无偿调入、接受捐赠固定资产引起固定基金增加的核算

各级工会根据批准接受无偿调入或捐赠的固定资产，应按照调入或捐赠

固定资产的公允价值或者有关凭证注明的金额（加上接受固定资产发生的相关费用）记账，借记“固定资产”科目，贷记“固定基金”科目。

例6.3：某工会接受单位行政捐赠的一批办公用计算机，捐赠单据显示，该批计算机账面原值10万元，已提取折旧2万元，相关资产的转移手续已办理完毕。根据相关单据，编制会计分录：

借：固定资产——一般设备　　80 000（10万元-2万元）

　贷：固定基金　　80 000

（4）盘盈固定资产导致固定基金增加的核算

资产清查时，对盘盈的固定资产，根据经批准的盘点报告，按照盘盈固定资产的公允价值，借记“固定资产”科目，贷记“固定基金”科目。

例6.4：某工会年末对固定资产进行清查时，盘盈办公用电脑一台，公允价值为4 000元。根据盘点报告经批准后，编制会计分录：

借：固定资产——一般设备　　4 000

　贷：固定基金　　4 000

2. 固定基金减少的核算

和固定基金增加一样，固定基金减少与固定资产减少密切相关。当工会出现固定资产减少业务时，制度规定应相应冲减“固定基金”。

（1）有偿调出、出售固定资产导致固定基金减少的核算

各级工会发生有偿调出、出售固定资产业务时，应按该固定资产账面原值，借记“固定基金”科目，贷记“固定资产”科目；取得的收入扣减相关支出后的净额，借记“银行存款”等科目，贷记“其他收入”科目。

例6.5：某工会经批准清理出售一批废旧图书，原值1.5万元，变卖净收入3 000元。根据相关单据编制会计分录：

借：固定基金　　15 000

　贷：固定资产—图书　　15 000

同时：

借：银行存款　　3 000

　贷：其他收入—资产处置收入　　3 000

（2）毁损、报废固定资产导致固定基金减少的核算

工会发生固定资产毁损、报废时，应按该固定资产的账面原值，借记“固定基金”科目，贷记“固定资产”科目。同时，按清理过程中取得的收入，借记“库存现金”、“银行存款”等科目，按清理过程中发生的支出，贷记“库存现金”、“银行存款”等科目，按清理净收入（或净支出），贷记

“其他收入”科目或借记“其他支出”科目。

例6.6：某工会将一批不需要的办公设备经批准后予以报废，该批设备账面原值为2万元，用现金支付报废设备的相关费用2 000元，报废资产变价收入为3 000元。根据相关单据，编制会计分录：

借：固定基金　　20 000

　贷：固定资产——般设备　　20 000

同时：

借：其他支出—固定资产清理支出　　2 000

　贷：库存现金　　2 000

借：库存现金　　3 000

　贷：其他收入　　3 000

（3）用固定资产对外进行股权投资导致固定基金减少的核算

工会经批准用固定资产对外投资时，应按该固定资产的评估价等，借记“投资”科目，贷记“投资基金”科目；同时，按投资固定资产的账面原值，借记“固定基金”科目，贷记“固定资产”科目。

例6.7：某工会经批准用自用的3辆大客车向所投资的旅行社增资。3辆客车的账面原值为240万元，评估价为200万元。根据相关单据，编制会计分录：

借：投资—××旅行社　　2 000 000

　贷：投资基金　　2 000 000

同时：

借：固定基金　　2 400 000

　贷：固定资产——般设备　　2 400 000

（4）盘亏固定资产导致固定基金减少的核算

资产清查时，应根据固定资产盘点报告，对盘亏的固定资产按账面原值，借记“固定基金”科目，贷记“固定资产”科目。如果有责任人赔偿，应将固定资产原值扣除责任人赔偿后的余额作为固定资产和固定基金的入账金额。

例6.8：某工会年末职工书屋图书盘点时，发现短缺图书60本，原值共1 800元。经调查，该图书属于正常损耗而导致的减少。根据有关单据，编制会计分录：

借：固定基金　　1 800

　贷：固定资产—图书　　1 800

二、投资基金核算

投资基金是指，工会对外投资占用的基金。工会对外投资，原则上应在经费结余的额度内掌握使用。制度规定，工会的投资基金应当按照实际发生数额入账。

（一）投资基金的科目设置

制度规定，对工会发生的对外投资业务，应设置“投资基金”科目。投资基金增加反映在贷方，投资基金减少反映在借方。期末贷方余额，反映工会持有的投资基金总值。

（二）投资基金的账务处理

1. 投资基金增加的核算

和投资基金增加的工会投资活动包括购买国债等债权性投资或者购买股权等权益性投资。

（1）购入国债等债券导致投资基金增加的核算

制度规定，各级工会经批准在当年结余范围内，可以进行风险较小、收益相对较高的国债投资。发生投资时，借记“投资”科目，贷记“银行存款”等科目；同时，借记“结余”科目，贷记“投资基金”科目。

例6.9：某工会经批准购买1年期、票面利率5%、到期还本付息的国债200万元。根据投资的批准文件、资金支付单据以及投资凭据等，编制会计分录：

借：投资—国债投资　　2 000 000

　贷：银行存款　　2 000 000

同时：

借：结余　　2 000 000

　贷：投资基金　　2 000 000

（2）以货币资金对外进行股权投资导致投资基金增加的核算

制度规定，各级工会用货币对外进行股权投资时，借记“投资”科目，贷记“银行存款”等科目；同时，借记“结余”科目，贷记“投资基金”科目。

例6.10：某工会经批准购买神舟公司发行的股份500万股，每股发行价格为6元，同时支付相关购买费用10万元，上述款项用转账支票进行支付。

根据审批文件、支票存根以及股权证明等相关文件，编制会计分录：

借：投资—神舟公司（股权投资）　　30 100 000

　贷：银行存款　　30 100 000

同时：

借：结余　　30 100 000

　贷：投资基金　　30 100 000

（3）以库存物品对外进行股权投资导致投资基金增加的核算

制度规定，工会对外以库存物品投资，应按库存物品的评估价等，借记“投资”科目，按库存物品账面价值，贷记“库存物品”科目，按评估价与账面价值的差额，借记或贷记“投资基金”科目；同时，按库存物品的账面价值，借记“结余”科目，贷记“投资基金”科目。

例 6. 11：某工会以一批库存物品对凯撒公司进行投资，该库存物品的账面价值为 60 万元，评估价值 40 万元，双方同意按评估价格折股。根据相关审批文件、库存物品评估报告以及库存物品调拨单等，编制会计分录：

借：投资—凯撒公司（股权投资）　　400 000

　　投资基金　　200 000

　贷：库存物品　　600 000

同时：

借：结余　　600 000

　贷：投资基金　　600 000

（4）以固定资产对外进行股权投资，按固定资产的评估价等，借记“投资”科目，贷记“投资基金”科目；同时，按投资固定资产的账面原值，借记“固定基金”科目，贷记“固定资产”科目。

例 6. 12：某工会经批准用一套自用房屋对外进行投资，该房屋账面原值为 80 万元，评估价为 150 万元。根据相关单据，编制会计分录：

借：投资—××公司　　1 500 000

　贷：投资基金　　1 500 000

同时：

借：固定基金　　800 000

　贷：固定资产—房屋建筑物　　800 000

2. 投资基金减少的核算

投资基金减少有两种情况，一是收回投资；二是出现投资损失。制度规定，投资出现损失，经确认无法收回的部分，按照工会呆账处理的有关规定进行账务核销，借记“投资基金”科目，贷记“投资”科目。

已经核销的投资呆账，保留备查账簿，对投资失误者要追查责任。已经核销的投资呆账，又重新收回的，借记“银行存款”科目，贷记“其他收入”科目。收回实物的，按其公允价值入账。

投资收回时，按照实际收到的价款，借记“银行存款”科目，按照“投资基金”科目的账面价值，贷记“投资”科目，同时借记“投资基金”科目，贷记“结余”科目，按照其差额，贷记或借记“投资收益”科目。

例6.13：某工会将所持有的神舟公司股权200万元转让，获得转让款230万元。根据相关单据，编制会计分录：

借：银行存款　　2 300 000

　贷：投资　　　　2 000 000

　　　投资收益　　　300 000

同时：

借：投资基金　　2 000 000

　贷：结余　　2 000 000

三、在建工程占用资金核算

（一）在建工程占用资金的科目设置

为加强对工会在建工程项目的资金管理，准确反映在建项目的经费来源、明确在建项目的经费占用情况，制度规定，各级工会在发生在建工程业务时，应专门设置“在建工程占用资金”科目，核算工会在建工程完工前累计占用的资金。

本科目的贷方记录增加，表示工会在建工程项目新增资金占用，借方记录减少，表示在建项目完工而结转的占用资金，期末借方余额，反映工会尚未完工的各项在建工程发生的累计实际支出。为区分不同在建项目的累积资金占用，实际工作中，工会可以按具体工程项目设置明细科目，进行明细核算。

（二）在建工程占用资金的账务处理

制度规定，当工会预付（支付）工程款时，按照实际支付的金额，借记“资本性支出”科目，贷记“银行存款”科目，同时借记“在建工程”科目，贷记“在建工程占用资金”科目。

工程完工时，借记“固定资产”科目，贷记“在建工程”科目，同时借记“在建工程占用资金”科目，贷记“固定基金”科目。

例 6.14：某工会经批准对职工体育馆进行改造，实际支付改造款 9 万元，根据相关单据，编制会计分录：

借：在建工程—职工体育馆改造　　90 000

　贷：在建工程占用资金　　90 000

同时：

借：资本性支出—大型修缮　　90 000

　贷：银行存款　　90 000

改扩建完工后：

借：固定资产—房屋建筑物　　90 000

　贷：在建工程—职工体育馆改造　　90 000

同时：

借：在建工程占用资金　　90 000

　贷：固定基金　　90 000

四、专用基金核算

专用基金是指，工会按国家和全国总工会有关规定，依法提取和使用的有专门用途的基金，它包括增收留成基金、财务专用基金、工会干部权益保障金。制度规定，当年结余的专用基金可以滚存下一年度继续使用。

（一）专用基金的类别及管理规定

1. 增收留成基金

增收留成基金是指，按照规定提取用于奖励经费收缴较好的单位或个人或者为弥补工会机关经费不足的专门资金。

为鼓励各级工会把经费收好，弥补机关经费不足，改善机关的办公条件和生活条件，1987 年全国总工会决定在县级以上工会建立增收留成基金，1990 年又下发了《超额留成基金和财务专用基金管理试行办法》（已废止）。

实践表明，这一制度对于工会促进工会经费收缴起到了积极作用。为进一步调动各级工会经费收缴的积极性，全国总工会于 2000 年印发了《增收留成基金管理办法》、《财务专用基金管理办法》、《经审专用经费管理办法》对增收留成基金的提取比例、使用范围以及审批办法等作了明确的规定。

（1）提取比例

根据《增收留成基金管理办法》规定，提取比例为：全总本级，每年按当年全总拨缴经费收入的4%提取增收留成基金；省级工会，以上解全总经费为基数提取，每年按当年上解全总经费的15%以内提取增收留成基金；市县级工会提取比例由所在省级工会确定。

（2）使用范围

根据《增收留成基金管理办法》规定，增收留成基金可以用于以下三个方面的开支：一是弥补经批准建造的工会机关办公用房、职工宿舍的资金不足；二是弥补机关集体福利开支的不足；三是用于年度机关工作目标责任制考核奖励。

另外，为适应新的工会经费上缴办法，全总于2004年制定了《省级工会上缴经费考核奖励试行办法》，根据此规定，对按时、足额完成全总下达当年上缴经费任务的省级单位，可被评为经费上缴优胜单位、先进单位和达标单位，同时按全总财务部下发的通知，由全总和各省级工会按规定确定的标准提取奖金作为奖励。其中，由省级工会本级经费开支的奖励提取标准为：按所在单位机关在编人数计提一定比例的奖金，优胜单位按人均3 000元计提，先进单位按人均2 500元计提，达标单位按人均2 000元计提。上述奖金可在省级工会“专用基金—增收留成基金”中列支。

与此同时，全总还将从本级超收经费中给予上述单位一定比例的奖励。由全总超支经费开支的奖励标准为：优胜单位，全总按其上缴经费任务的0.4%计算奖金，超过上缴经费任务部分按超出金额的3%计算奖金，两项合并计算；先进单位，全总按其上缴经费任务的0.4%计算奖金，超过上缴经费任务部分按超出金额的2%计算奖金，两项合并计算；达标单位，全总按其上缴经费任务的0.4%计算奖金，超过上缴经费任务部分按超出金额的1%计算奖金，两项合并计算。对于完成和超额完成上缴全总经费任务的省级工会，如按上述奖励办法计算的奖金数额低于4万元，全总将按4万元的最低奖金标准执行。

（3）审批办法

根据《增收留成基金管理办法》规定，增收留成基金由工会机关相关部门提出使用意见，经财务部门审核后，一般性开支，由主管财务工作的主席审批；重大项目的开支，由主席办公会议审批决定。

2. 财务专用基金

财务专用基金是指，县以上工会按照规定提取的用于工会财务工作建设的专用基金。为加强工会财务工作，搞好工会财会工作的理论建设、业务建设和队伍建设，从1986年开始，全总书记处决定建立财务专用基金，随后又印发了《超额留成基金和财务专用基金管理试行办法》（已废止），但随着工运事业的不断发展和工会经费管理出现的新问题，上述办法虽多次调整，但已不适应当前工会财务工作的需要。为此，全总于2000年重新修订和下发了《财务专用基金管理办法》，对各级工会财务基金的提取比例、开支范围以及审批办法等作了基本规定。

（1）提取比例

根据《财务专用基金管理办法》规定，提取比例为：全总本级，每年按当年全总拨缴经费收入的1%提取财务专用基金；省级工会，以省级工会上解全总的工会经费为基数提取，对上解全总经费达到1600万元以上（含1600万元）的省级工会，以上解全总经费为基数，在6%的比例之内提取财务专用基金；对上解全总经费达到800万元（含800万元）以上的省级工会，以上解全总经费为基数，在7%的比例之内提取财务专用基金；对上解全总经费达到400万元（含400万元）以上的省级工会，以上解全总经费为基数，在9%的比例之内提取财务专用基金；对上解全总经费在400万元以下的省级工会，以上解全总经费为基数，在10%的比例之内提取财务专用基金；市县级工会的提取比例由所在省级工会确定。

（2）使用范围

根据规定，财务基金的使用范围包括四个方面：一是奖励工会财会工作竞赛先进单位及先进个人；二是奖励在收缴工会经费中作出贡献的工会领导、先进财会工作人员、支持财会工作的有关人员；三是补助工会会计学会等业务活动经费；四是财会工作业务建设的有关开支。

在《工会会计制度》出台后，2009年全总印发了《关于开展〈工会会计制度〉培训工作的通知》，明确要求县以上工会应从本级的财务专用基金中安排专项培训费用。

（3）审批办法

根据规定，财务专用基金由经办单位提出申请后，原则上由本级工会财务部长审批。

3. 权益保障金

为解决工会干部，尤其是企业工会干部在维护职工权益过程中所遭受的不公正待遇，进一步调动工会干部维护职工权益的积极性，解除其维权工作的“后顾之忧”，全总于2007年8月印发了《企业工会主席合法权益保护暂行办法》。

根据规定，各级工会领导机关要建立保护企业工会主席责任制，逐级承担保护企业工会主席合法权益的责任。县（区）级以上工会领导机关要设立工会干部权益保障金，省级工会50万元、地（市）级工会30万元、县（区）级工会10万元，年末结余滚存下一年度使用。当年使用不足时可以动用滚存结余，仍不足时可追加。本级工会经费有困难时，可向上级工会提出补助申请。工会干部权益保障金要切实加强管理，专款专用。各级工会经费审查委员会要加强审查和监督工作。

（二）专用基金的科目设置

为加强专用基金的管理，确保专款专用，制度规定，各级工会应设置“专用基金”科目，并按照专用基金的具体内容，分别设置“增收留成基金”、“财务专用基金”和“权益保障金”等明细科目反映专用基金的相关用途。该科目的贷方记录专用基金的增加，表示工会按照规定提取的专用基金，借方记录减少，表示专用基金的使用，期末贷方余额，反映工会专用基金的数额。

（三）专用基金的账务处理

1. 各级工会提取增收留成基金时，借记“其他支出”科目，贷记“专用基金—增收留成基金”科目。实际支出时，借记“专用基金—增收留成基金”科目，贷记“银行存款”等科目。

2. 各级工会提取财务专用基金时，借记“其他支出”科目，贷记“专用基金—财务专用基金”科目。实际支出时，借记“专用基金—财务专用基金”科目，贷记“银行存款”等科目。

3. 县级以上工会提取工会干部权益保障金时，借记“维权支出”科目，贷记“专用基金—权益保障金”科目。工会接受社会募集、捐款增加工会干部权益保障金时，借记“库存现金”、“银行存款”等科目，贷记“专用基金—权益保障金”科目。实际发放工会干部权益保障金时，借记“专用基金—权益保障金”科目，贷记“库存现金”、“银行存款”等科目。

例6.15：某工会按照有关专用基金提取比例，提取增收留成基金20万元，财务专用基金8万元，工会干部权益保障金15万元。根据相关单据，编制会计分录：

借：其他支出—增收留成基金　　200 000
　　其他支出—财务专用基金　　80 000

维权支出—劳动关系协调费　150 000
　贷：专用基金—增收留存基金　　200 000
　　　专用基金—财务专用基金　　　80 000
　　　专用基金—权益保障金　　　150 000

例 6.16：续例 6.15，假定该工会当年奖励工会经费先进个人 6 万元，组织本地区工会系统财务人员培训支出 3 万元，工会干部权益保障金支出 10 万元。根据相关单据，编制会计分录：

借：专用基金—增收留存基金　　　60 000
　　专用基金—财务专用基金　　　30 000
　　专用基金—权益保障金　　　100 000
　贷：银行存款　190 000

五、后备金核算

后备金是指，县级以上工会按规定依法提取的特殊情况下使用的储备金。《工会预算管理办法》规定，县以上工会根据需要，可以从本级当年经费结余中提取一定比例的后备金作为储备，用于特殊情况下的资金需要。一般情况下，未经批准不得动用。如需要动用时，必须经过本级工会常委会批准。

提取后备金时，按照实际提取金额冲减结余；使用后备金时，按照实际支出金额冲减后备金余额；后备金未使用的余额，可滚存下一年度使用。

为记录和反映后备金的使用情况，制度规定，工会应设置“后备金”科目。提取后备金时记录在贷方，使用后备金时在借方，期末贷方余额，反映工会尚未动用的后备金数额。

工会提取后备金时，借记“结余”科目，贷记“后备金”科目。按有关规定经批准动用后备金时，按实际支付的金额，借记“后备金”科目，贷记“银行存款”等科目。

例 6.17：某工会按规定提取后备金 10 万元。根据相关单据，编制会计分录：

借：结余　　1 000 000
　贷：后备金　　100 000

例 6.18：某工会因紧急处理某事件，经批准后动用后备金 5 万元。根据相关单据，编制会计分录：

借：后备金　　50 000
　贷：银行存款　　50 000

六、结余核算

结余是指，工会各项收入与支出相抵后滚存的累计余额。按规定，工会可以从当期结余中提取后备金，也可以从当期结余中安排一定额度的投资。

结余的会计核算主要涉及三个方面：一是与投资活动有关；二是期末汇总清算收支情况；三是按照规定从当期结余中提取后备金。

制度规定，工会发生对外投资时，借记"投资"科目，贷记有关科目，同时，借记"结余"科目，贷记"投资基金"科目。收回投资时，按照投资的账面价值，借记"投资基金"科目，贷记"结余"科目。

期末结账时，将各收入类科目的余额转入"结余"科目，借记"会费收入"、"拨缴经费收入"、"上级补助收入"、"政府补助收入"、"行政补助收入"、"事业收入"、"投资收益"、"其他收入"等科目，贷记"结余"科目。

将各支出类科目的余额转入"结余"科目，借记"结余"科目，贷记"职工活动支出"、"维权支出"、"业务支出"、"行政支出"、"资本性支出"、"补助下级支出"、"事业支出"、"其他支出"等科目。

提取后备金时，借记"结余"科目，贷记"后备金"科目。

例6.19：某工会2014年6月份编制有关收入和支出核算情况表，见表6－1。

表6－1 经费收支情况表

编制单位：××工会　　　2014年6月　　　单位：元

记账方向 科目名称	借方	贷方
会费收入		10 000
拨缴经费收入		200 000
政府补助收入		150 000
行政补助收入		60 000
投资收益		30 000
事业收入		10 000
其他收入		20 000
收入合计		**480 000**
职工活动支出	20 000	
维权支出	130 000	

续表

记账方向 / 科目名称	借方	贷方
业务支出	50 000	
行政支出	80 000	
资本性支出	60 000	
补助下级支出	50 000	
事业支出	10 000	
其他支出	20 000	
支出合计	**420 000**	

根据表6-1，编制会计分录：

借：会费收入　　10 000
　　拨缴经费收入　　200 000
　　政府补助收入　　150 000
　　行政补助收入　　60 000
　　投资收益　　30 000
　　事业收入　　10 000
　　其他收入　　20 000
　贷：职工活动支出　　20 000
　　　维权支出　　130 000
　　　业务支出　　50 000
　　　行政支出　　80 000
　　　资本性支出　　60 000
　　　补助下级支出　　50 000
　　　事业支出　　10 000
　　　其他支出　　20 000
　　　结余　　60 000

经过上述核算，当期该工会的经费结余为60 000元，该结余可以留在以后继续使用。

第七章　工会收入核算

工会收入是指，各级工会根据《工会法》以及有关政策规定开展业务活动所取得的非偿还性资金。收入按照来源分为会费收入、拨缴经费收入、上级补助收入、政府补助收入、行政补助收入、事业收入、投资收益、其他收入。制度规定，各项收入应当按照实际发生额入账。

一、工会收入核算的基本要求

收入是各级工会开展业务活动的起点，也是各级工会履行职能的财力保障。在制度允许的范围内，最大限度地增加收入是各级工会的重要工作内容。为确保工会收入核算的正确性和完整性，其会计核算应注意以下几个问题：

（一）建立和完善与收入核算相关的内部控制体系

各级工会在建立与收入有关的内部控制体系时，应注意以下几个问题：

1. 严格按照收入预算的安排，明确相关岗位和责任人，确保预算进度的执行，使工会各项业务活动能够正常进行。

2. 严格与收入相关的票据管理，做到所有收入的取得必须开具相关的业务单据，为收入的完整核算提供基础。

3. 按照不相容职务分离原则，将资金的收取和票据的出具、复核等岗位应适度分开，尤其是资金收取和票据开具的岗位必须分离，严禁收钱和开票由一个人办理。

4. 建立和完善与收入有关的复核制度，复核的重点应包括：收入进度与预算执行进度是否一致；收入的渠道、性质是否明确；与之相关的会计核算是否合规等。

（二）明确收入的确认标准，确保收入核算的合法性、准确性和完整性

工会会计以收付实现制为基础，以权责发生制为补充。各级工会在进行收入核算时要注意三条确认标准：一是是否收到现金；二是所收到的现金是

否需要偿还；三是收入的金额能否可靠计量。需要注意的是，某些收入可能在会计期间尚未收到现金，但收取现金的权利已经存在并且在未来的会计期间不存在收不回来的可能性，对此在核算时也应作为收入进行确认，如会计年度结束按照规定应收取的财政应返还款、应收取的下级工会上缴的经费或上级工会的各项补助以及应收取所办事业单位应上缴的收入等。

当一项业务被确认为收入时，各级工会应按照制度的规定，在报告期间进行合法、准确和完整的记录。这就要求在对收入进行会计核算时，不得有下列行为：

1. 利用会计报告时点，对收入进行操纵，将本应属于报告年度的收入人为地进行调整，提前或者延后对收入进行确认。

2. 各级工会在对收入核算时，必须全部入账，不允许“账外记录”或者有“小金库”等违反财经纪律的行为。

3. 与收入取得的相关业务单据，凡是有统一规定的，应当使用统一的业务单据，凡是没有统一规定的，各级工会可以根据需要，设置相应的业务单据，但在业务单据的设计过程中，应体现“不相容职务”分离的原则，严禁一人全程经办与收入相关的业务。

（三）区分收入来源，明确收入性质，严格专款专用

各级工会在进行收入核算时，应严格区分收入的来源，按照收入的性质分类核算。有些收入，如政府补助收入、上级补助收入、行政补助收入等，一般具有专用资金的性质，各级工会应进行详细核算，为经费的使用提供依据。

需要说明的是，收入核算时区分工会收入来源、性质的目的在于：一是为工会会计信息使用者提供有关收入决策的信息；二是为各级工会分析收入结构、编制收入预算以及向相关各方争取经费提供依据。

（四）规范科目设置，确保收入核算方法一致、口径相同、信息可比

各级工会在进行收入核算时，必须做到科目统一、核算规范、内容明确、要素完整。凡是制度规定的统一科目（含明细科目，下同），可以不用，但不能更改；凡是制度没有规定的科目，可以自行增设，但在相关数据汇总时，应予以调整，确保收入核算做到方法一致、口径相同、信息可比。

二、会费收入核算

会费收入是指，工会会员依照规定向工会组织缴纳的会费。依照规定，工会会员每月向工会组织缴纳本人工资收入的0.5%，工资尾数不足10元的不计缴会费。缴纳会费既是会员的义务，也是会员自觉培养工会意识的重要手段。需要注意的是，缴纳会费的工资收入不包括奖金、津贴等工资性收入。

（一）会费收入的科目设置

为全面记录和反映会员缴费和会费的使用情况，各级工会应设置“会费收入”科目，核算工会会员依照规定向工会组织缴纳的会费。该科目贷方表示收到会费，借方表示期末结转。结转后，本科目期末无余额。

（二）会费收入的账务处理

按照规定，会费收入的账务处理涉及两个基本业务环节：

1. 各级工会收到会员缴纳的会费时，借记“库存现金”、“银行存款”等科目，贷记“会费收入”科目。

2. 会计期末，按照规定，应将“会费收入”结转，借记“会费收入”科目，贷记“结余”科目。

例7.1：某工会收到行政转交本月代扣会员会费10 000元，款项已存入工会账户。根据银行进账单等相关单据，编制会计分录：

借：银行存款　　10 000

　贷：会费收入　　10 000

实际工作中，除了行政代扣代缴会费外，还有些会费是会员自行上缴给工会。工会财务部门在收到会费时，应同时向会员开具收款收据，并根据加盖“现金收讫”的收据，编制相关分录。

例7.2：某企业工会收到会员张昭缴纳的本年度会费50元。根据收款收据，编制会计分录：

借：银行存款　　50

　贷：会费收入　　50

会计期末，按照制度规定，应将当期的“会费收入”结转到“结余”科目，结转后，“会费收入”科目无余额。

例7.3：根据例3.1和3.2，编制期末“会费收入”的结转分录：

借：会费收入　　10 050
　贷：结余　　10 050

三、拨缴经费收入核算

拨缴经费收入是指，基层单位行政拨缴、下级工会按规定上缴及上级工会按规定转拨的工会经费中归属于本级工会的经费及建会筹备金。

（一）工会拨缴经费的有关规定

拨缴经费收入是工会经费的主要来源。根据《工会法》、《中国工会章程》等规定：建立工会组织的企业、事业单位、机关和其他社会组织每月按全部职工工资总额的2%向工会拨缴经费，工会所属的企事业单位应上缴收入；企事业单位、其他社会组织等无正当理由拖延或拒不拨缴工会经费，基层工会或上级工会可以向当地人民法院申请支付令，拒不执行支付令的，工会可以依法申请人民法院强制执行。

1. 拨缴经费的计算基数

工资总额是计算拨缴经费的基数，是企业、事业单位、机关和其他社会组织在一个会计期间（一般是一年）支付给全部职工的全部劳动报酬。按照国家统计局公布的《关于工资总额组成的规定》及其解释等，工资总额主要包括：

计时工资——按计时工资标准（包括地区生活费补贴）和工作时间支付给个人的劳动报酬。

计件工资——对已做工作按计件单价支付的劳动报酬。

奖金——支付给职工的超额劳动报酬和增收节支的劳动报酬。具体包括如生产（业务）奖、节约奖、劳动竞赛奖、机关事业单位的奖金工资等。根据国务院有关规定颁发的诸如创造发明奖、国家星火奖、自然科学奖、科学进步奖、合理化建议奖金等并不包括在内。

津贴——为了补偿职工特殊或额外劳动消耗和因其他特殊原因支付给职工的津贴。如特殊行业中补偿职工特殊或额外劳动消耗的高空津贴、井下津贴等；又如技术性津贴，像科研课题津贴、特级教师补贴等；保健性津贴，如卫生防疫津贴；年功性津贴，如工龄津贴；其他津贴，如伙食津贴等。

补贴——为保证职工工资水平不受物价影响而支付给职工的各种物价补贴。如副食品价格补贴、粮价补贴等。地方上规定的地区补贴，也属于工资总额的范畴。对于新出现的住房补贴、电话补贴、伙食补贴等补贴项目也要计入工资总额。

加班加点工资——对法定假日和公休假日工作的职工，以及在正常工作日以外延长工作时间的职工按规定支付的加班工资和加点工资。

其他工资——其他根据国家规定支付的工资。如调整工资补发的上年工资、附加工资等。

同时，按照该规定第十一条，共有十四种情况不计入工资总额的范围，具体可参见法律规定。

随着改革的进一步深入，企业中出现了很多新的问题。企业拍卖或者重组时按工龄一次性发给职工的生活费，或称“买断工龄工资”以及用人单位支付的劳务工劳务费等，也应按照2%的比例计提工会经费；企事业单位所支付的临时工工资也应纳入经费计提基数。

2. 经费分成的比例

一直以来，工会经费在工会组织系统内实行层层上解的办法进行分解并确定本级工会经费。2004 年起，为进一步增强全国总工会的经济调控能力，促进西部地区和老少边穷地区及老工业基地工会建设，推动工会组织全面、协调、均衡发展，全总调整工会经费上缴体制，制定了《关于调整工会经费上缴办法的通知》。调整工会经费上缴办法的原则是：基数不变，超收增缴，统一使用，服务基层，多缴奖励，少缴抵拨。

（1）基数不变。指以 2003 年度全国工会拨缴经费收入中，各省级工会向全总上缴 5% 的经费部分，作为今后每年各省级工会向全总上缴经费的基数，基数部分的省、市、县、基层工会经费分成体制和全总对省级工会的回拨补助办法不变。

（2）超收增缴。指以 2003 年各省、产业工会拨缴经费收入（指机关、企事业单位按职工工资总额 2% 向工会拨缴的经费）为基数，超收增缴经费收入以各省级工会 2001 ~2003 年三年的平均增长率计算，增长后的当年工会拨缴经费收入与 2003 年基数的差额（以后每年都与 2003 年基数相比），作为超收经费部分，上缴全总 20%，省级以下工会留成 80%。

各省级工会要根据该办法对超收部分实行收支两条线，并对省、市、县、基层工会经费分成体制进行相应调整。具体比例由各省级工会自行确定。

（3）统一使用，服务基层。指上缴给全总的超收部分经费，由全总统一安排使用，主要用于加强工会基层建设和县级工会建设，以及补助西部地区、老少边穷地区和老工业基地工会等。

（4）多缴奖励，少缴抵拨。指各省级工会在完成当年全总下达的基数上缴和超收增缴任务的基础上，对完成和超额完成任务的省级工会，全总将按照有关规定给予奖励；对没有按时、足额完成核定上缴任务的省级工会，全总将扣减回拨补助。

（5）从2004年起，基层工会经费分成比例，由原规定不少于60%调整为不少于40%。具体比例，由省级工会（含铁路、民航、金融产业工会）根据本地区（产业）实际情况自行确定。这是因为基层工会不再承担工会专职人员的费用，由所在单位支付。铁路、民航、金融按系统管理经费的产业工会所属基层工会、上缴地方工会的比例不变。

为配合经费上缴体制的改革，全总先后下发了《关于省级工会上缴经费考核奖励试行办法》和《关于超收经费管理试行办法》等相关规定，有力促进了经费的收缴，保证了工会工作的财力。同时，由于经费体制改革，全总经济调控能力得到增强，尤其是在超收经费的使用方面，明确规定优先安排老少边穷地区工会、西部地区和老工业基地工会，有力促进了中国工会组织的全面、协调和均衡发展。

（二）拨缴经费收入的科目设置

为全面记录工会组织拨缴经费的来源及与之相关的业务，会计制度规定，与拨缴经费收入业务相关的会计科目包括：

1. 拨缴经费收入

制度规定，各级工会应设置“拨缴经费收入”科目。本科目贷方记录拨缴经费的增加，借方是在月末时的结转数，本科目期末无余额。

2. 与“拨缴经费收入”相关的科目

实际工作中，工会经费可能会在不同级次的工会之间进行分解。因此，为记录拨缴经费在不同工会级次之间的分解情况，与“拨缴经费收入”核算相关的会计科目还包括：银行存款、应付上级工会和应付下级工会等（具体使用参见本书工会资产业务的相关内容）。

（三）拨缴经费收入的账务处理

工会拨缴的经费需要在不同的工会级次间进行分解，按照制度规定，与拨缴经费收入相关的账务处理要解决两个问题：一是经费的类型，包括工会经费和建会筹备金；二是与经费相关的收取方式，并由此形成的债权债务（工会经费在不同级次间的分解示意图见图7－1）。

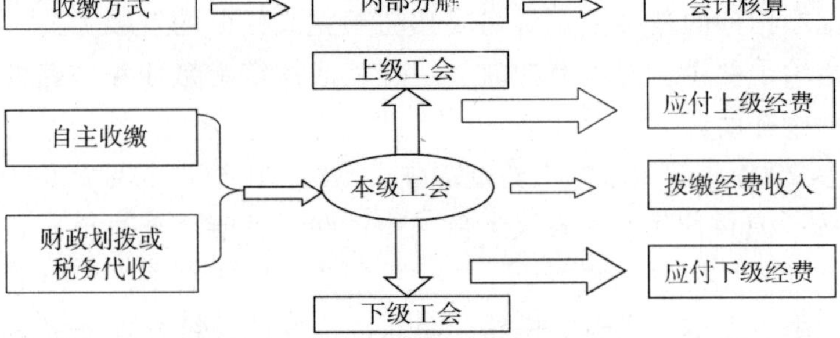

图7－1　工会经费分解及核算示意图

1. 工会经费的核算

此处的工会经费是指已组建工会组织的企事业单位、其他社会组织等按照规定拨付给工会，并按照内部分成比例属于本级工会的经费收入。随着经费收缴方式的变化，工会经费的会计核算对应有三种情况：

（1）自主收缴工会经费的核算

收到工会经费，按下级工会经费收缴报告表中的相关金额或实际收到的总金额，借记“应收下级经费”、“银行存款”科目，按规定属于本级工会的部分，贷记“拨缴经费收入”科目，按规定应上缴上级工会的部分，贷记“应付上级经费”科目。

例7.4：某工会月末收到下级工会的经费收缴报告显示当月该工会实际收到经费50万元，按照4∶3∶3的比例在下级工会、本级工会和上级工会进行分解。根据有关单据，编制会计分录：

借：应收下级经费—×××工会　　300 000［50万元×（1－40%）］
　贷：拨缴经费收入　　150 000（50万元×30%）
　　　应付上级经费—×××工会　　150 000

实际收到下级工会上缴的经费时，根据银行进账单等单据，编制会计分录：

借：银行存款　　300 000
　贷：应收下级经费—×××工会　　300 000

实际上解上级工会经费时，根据相关单据，编制会计分录：

借：应付上级经费—×××工会　　150 000
　贷：银行存款　　150 000

（2）采用税务代收、财政划拨方式收取工会经费的核算

①本级工会通过税务部门代收、财政部门划拨的工会经费，按实际收到

的总金额，借记“银行存款”科目，按规定属于本级工会的部分，贷记“拨缴经费收入”科目，按规定应上缴上级工会的部分，贷记“应付上级经费”科目，按规定应转拨下级工会的部分，贷记“应付下级经费—应付下级转拨经费”科目。

例7.5：某工会当月收到税务代收的工会经费100万元，其中30万元属于本级经费，40万元应转拨下级工会，30万元应上解上级工会，根据银行进账单和相关单据，编制会计分录：

借：银行存款　　1 000 000
　贷：拨缴经费收入　　　　　　　　300 000
　　　应付上级经费　　　　　　　　300 000
　　　应付下级经费—应付下级转拨经费　　400 000

实际上解和转拨经费时，根据相关单据，编制会计分录：

借：应付上级经费　　　　　　　　300 000
　　应付下级经费—应付下级转拨经费　　400 000
　贷：银行存款　　700 000

②本级工会收到上级工会转拨过来的通过财政部门划拨、税务部门代收的工会经费，按上级工会经费转拨通知中的金额或实际收到的总金额，借记“应收上级经费—应收上级转拨经费”、“银行存款”科目，按规定属于本级工会的部分，贷记“拨缴经费收入”科目，按规定属于下级工会的部分，贷记“应付下级经费——应付下级转拨经费”科目。

例7.6：续例7.5，假设本级工会收到上级工会的转拨经费40万元，按规定应将其中的30万元转拨给基层工会，根据相关单据，编制会计分录：

借：银行存款　　400 000
　贷：拨缴经费收入　　　　　　　　100 000
　　　应付下级经费—应付下级转拨经费　　300 000

实际转拨下级工会经费时，根据相关单据，编制会计分录：

借：应付下级经费—应付下级转拨经费　　300 000
　贷：银行存款　　300 000

③上级工会收到本级工会上缴的拨缴经费时，如果仍需上解，应按规定比例确认其拨缴经费收入，剩余部分继续上解，相关账务处理参见例7.5。

2. 建会筹备金的核算

（1）自主收缴方式收取建会筹备金的核算

本级工会收到建会筹备金，按实际收到的总金额，借记“银行存款”科目，按规定属于本级工会的部分，贷记“拨缴经费收入”科目，按规定应上缴上级工会的部分，贷记“应付上级经费”科目，需返还给筹建单位工会的部分，贷记“应付下级经费—应付建会筹备金”科目。

例 7.7：某工会月末收到下级工会上缴的建会筹备金 80 万元，按照经费分成办法，属于本级工会的有 20 万元，应上解上级工会的为 20 万元，应返还工会筹建单位经费为 40 万元。根据相关单据，编制会计分录：

借：银行存款　　800 000

　贷：拨缴经费收入　　200 000

　　　应付上级经费　　200 000

　　　应付下级经费—应付建会筹备金　　400 000

实际上解和返还建会筹备金时，根据相关单据，编制会计分录：

借：应付上级经费　　200 000

　　应付下级经费—应付建会筹备金　　400 000

　贷：银行存款　　600 000

（2）采用税务代收、财政划拨方式收取建会筹备金的核算

①本级工会通过税务部门代收、财政部门划拨的建会筹备金，按实际收到的总金额，借记“银行存款”科目，按规定属于本级工会的部分，贷记“拨缴经费收入”科目，按规定应上缴上级工会的部分，贷记“应付上级经费”科目，按规定应转拨下级工会或需返还给筹建单位工会的部分，贷记“应付下级经费—应付建会筹备金”科目。

例 7.8：某工会当月收到税务代收的建会筹备金 100 万元，其中 30 万元属于本级经费，40 万元应返还筹建单位工会，30 万元应上解上级工会，根据银行进账单和相关单据，编制会计分录：

借：银行存款　　1 000 000

　贷：拨缴经费收入　　300 000

　　　应付上级经费　　300 000

　　　应付下级经费—应付建会筹备金　　400 000

实际上解和返还建会筹备金时，根据相关单据，编制会计分录：

借：应付上级经费　　300 000

　　应付下级经费—应付建会筹备金　　400 000

　贷：银行存款　　700 000

②本级工会收到上级工会转拨过来的通过财政部门划拨、税务部门代收的建会筹备金，按上级工会有关建会筹备金转拨通知中的金额或实际收到的

总金额，借记“应收上级经费—应收建会筹备金”、“银行存款”科目，按规定属于本级工会的部分，贷记“拨缴经费收入”科目，按规定属于下级工会或需返还给筹建单位工会的部分，贷记“应付下级经费—应付建会筹备金”科目。

例7.9：续例7.8，假定下级工会收到上级工会转拨的建会筹备金40万元，其中10万元属于本级工会，30万元应返还筹备单位工会，根据相关单据，编制会计分录：

借：银行存款　　400 000

　贷：拨缴经费收入　　100 000

　　应付下级经费—应付建会筹备金　　300 000

③筹建单位在期限内建立工会，本级工会返还建会筹备金的，按实际返还的金额，借记“应付下级经费—应付建会筹备金”科目，贷记“银行存款”科目。

例7.10：续例7.9，假设筹建单位在期限内组建工会，按照规定应将收取的建会筹备金予以返还，返还时，根据相关单据，编制会计分录：

借：应付下级经费—应付建会筹备金　　300 000

　贷：银行存款　　300 000

④筹建单位到期未建立工会，本级工会不需返还的建会筹备金，借记“应付下级经费—应付建会筹备金”科目，按规定属于本级工会的部分，贷记“拨缴经费收入”科目，按规定应上缴上级工会的部分，贷记“应付上级经费”科目。

例7.11：续7.9，假定筹备单位未按期组建工会，按照规定，本级工会不再返还筹备金，其中18万元归属本级工会，12万元应上解。根据相关单据编制会计分录：

借：应付下级经费—应付建会筹备金　　300 000

　贷：拨缴经费收入　　180 000

　　应付上级经费　　120 000

⑤筹建单位按期建立工会，所建工会收到返还的建会筹备金，借记“银行存款”科目，贷记“拨缴经费收入”科目。

例7.12：续7.9，筹建单位工会收到上级工会返还的建会筹备金30万元。根据相关单据，编制会计分录：

借：银行存款　　300 000

　贷：拨缴经费收入　　300 000

四、上级补助收入核算

上级补助收入是指，本级工会收到的上级工会补助的款项，它包括回拨补助、专项补助、超收补助、帮扶补助、送温暖补助、救灾补助、其他补助。

（一）上级补助收入的科目设置

各级工会应设置“上级补助收入”科目，核算本级工会收到的上级工会补助款项。收到上级补助经费时，记贷方，期末，应将该科目余额结转到“结余”，结转后，该科目无余额。

为详细记录上级工会补助经费的类别、为经费的管理和使用提供依据，工会应在本科目下设置明细科目分别核算相应的补助资金性质。

1. 回拨补助，核算上级工会按有关规定拨付的回拨补助。

2. 专项补助，核算上级工会拨付的指定专门用途的项目补助。

3. 超收补助，核算上级工会按有关超收增缴经费管理规定，拨付的超收补助。

4. 帮扶补助，核算上级工会拨付的帮扶困难职工的补助。

5. 送温暖补助，核算上级工会拨付的用于开展向困难职工和家庭送温暖活动的补助。

6. 救灾补助，核算上级工会拨付的用于慰问在自然灾害中经济财产遭受损失、生活遇到困难的职工和家庭的补助。

7. 其他补助，核算上级工会拨付的除上述明细科目所述内容以外的其他补助。

（二）上级补助收入的账务处理

本级工会收到上级工会补助款时，按银行收款单或上级工会的补助通知书，借记“银行存款”、“应收上级经费—应收上级补助”科目，贷记“上级补助收入”科目相关明细科目。

例 7.13：某工会收到上级工会专项补助资金 30 万元。根据银行进账单等相关单据，编制会计分录：

借：银行存款　　300 000

　贷：上级补助收入—专项补助　　300 000

年末清算时，存在上级应付未付补助款项的，借记“应付上级经费—应付上级补助”项目，贷记本科目相关明细科目。期末结转时，借记本科目，贷记“结余”科目。需要说明的是，本科目的期末余额应与上级工会的补助下级支出科目余额一致。

五、政府补助收入核算

政府补助收入是指，各级人民政府按照《工会法》和国家的有关规定给予工会的补助款项，包括工会收到财政拨付的离退休人员离退休费和生活补贴、帮扶资金、送温暖经费、疗养事业补助、劳模补助、基建、维修及大型活动补助等。

（一）政府补助收入的科目设置

制度规定，工会应设置“政府补助收入”科目，核算各级人民政府给予工会的补助款项。收到政府补助时，记录在贷方，会计期末，应将该科目余额结转到“结余”科目，结转后该科目无余额。实际工作中，工会可以根据需要在该科目下按设置明细科目，以进行明细核算。

（二）政府补助收入的账务处理

未实行国库集中支付的地区，在收到政府补助款时，应借记“银行存款”等科目，贷记“政府补助收入”科目。在实行国库集中支付的地区，收到财政直接支付的政府补助，根据财政国库支付执行机构委托代理银行转来的《财政直接支付入账通知书》及原始凭证入账，借记“资本性支出”等支出科目，贷记“政府补助收入”科目。收到财政授权支付的政府补助，根据代理银行盖章的《授权支付到账通知书》与分月用款计划核对后记账，借记“零余额账户用款额度”科目，贷记“政府补助收入”科目。

例 7.14：某工会收到政府大型活动资金补助 80 万元。根据银行进账单等相关单据，编制会计分录：

借：银行存款　　800 000

　贷：政府补助收入—大型活动补助　　800 000

六、行政补助收入核算

行政补助收入是指，工会取得的所在单位行政方面按照《工会法》和国家的有关规定给予工会的补助款项。它包括工会收到行政拨付的劳动竞赛经费、工会开展活动的费用补助等，但不包括行政方面按规定向工会拨缴的工会经费。

（一）行政补助收入的科目设置

制度规定，工会应设置“行政补助收入”科目，记录和反映工会所获得的所在单位行政的补助。工会收到补助时，记录在本科目的贷方。期末，将本科目的贷方合计数结转到“结余”科目，结转后本科目无余额。

（二）行政补助收入的账务处理

工会收到行政补助时，借记“银行存款”等科目，贷记“行政补助收入”科目；期末结转时，借记“行政补助收入”科目，贷记“结余”科目。

例7.15：某工会当月收到行政拨付的职工运动会活动费5万元。根据相关单据编制会计分录：

借：银行存款　　50 000

　贷：行政补助收入　　50 000

七、事业收入核算

事业收入是指，独立核算的工会附属事业单位上缴的收入和非独立核算的附属事业单位的各项事业收入。

（一）事业收入的科目设置

工会应设置“事业收入”科目，核算事业单位上缴的各项收入。收到事业单位上缴收入时，记录在贷方，期末，将本科目余额结转到“结余”科目，结转后本科目无余额。

（二）事业收入的账务处理

收到相关收入时，借记“银行存款”等科目，贷记“事业收入”科目；期末结转时，借记“事业收入”科目，贷记“结余”科目。

例7.16：某工会收到所属非独立核算少年活动中心上缴承包费50万元。根据银行进账单等相关单据，编制会计分录：

借：银行存款　　500 000

　贷：事业收入　　500 000

八、投资收益核算

投资收益是指，工会对外投资发生的损益。工会应设置“投资收益”科目，核算投资活动所取得的股利、利息等收入。

收到投资收益时，借记“银行存款”科目，贷记“投资收益”科目；如果是连投资一块收回，除了按照实际收到的价款，借记“银行存款”项目，还应按照账面价值贷记“投资”科目，将实际收回金额与“投资”账面价值的差额计入到“投资收益”科目。期末，应将“投资收益”科目余额结转到“结余”科目，结转后该科目无余额。

例 7.17：某工会收回 1 年前投资，该投资的原始价值为 70 万元，实际收回 75 万元。根据相关单据，编制会计分录：

借：银行存款　　750 000
　贷：投资　　　　700 000
　　　投资收益　　50 000

同时：

借：投资基金　　700 000
　贷：结余　　700 000

九、其他收入核算

其他收入是指，工会除会费收入、拨缴经费收入、上级补助收入、政府补助收入、行政补助收入、事业收入、投资收益之外的各项收入，如资产盘盈、固定资产处置净收入、接受捐赠收入、银行存款利息收入等。

（一）其他收入的科目设置

工会应设置“其他收入”科目，核算诸如资产盘盈、利息收入等。收到收入，记贷方，月末应将该科目余额结转到“结余”科目，结转后该科目无余额。

（二）其他收入的账务处理

工会取得银行存款利息收入，借记“银行存款”等科目，贷记“其他收入”科目。

接受捐赠，借记“银行存款”等科目，贷记“其他收入”科目。

盘盈的库存物品，借记“库存物品”科目，贷记“其他收入”科目。

有偿调出、出售的固定资产，按账面原值，借记“固定基金”科目，贷记“固定资产”科目，取得的收入扣减相关支出后的净额，借记“银行存款”等科目，贷记“其他收入”科目。毁损、报废的固定资产，按账面原值，借记“固定基金”科目，贷记“固定资产”科目；清理过程中发生的净收入，借记“库存现金”、“银行存款”等科目，贷记“其他收入”科目；清理过程中发生的净支出，借记“其他支出”科目，贷记“库存现金”、“银行存款”等科目。

例7.18：某工会收到某企业的捐赠费10万元。根据相关单据，编制会计分录：

借：银行存款　　100 000

　贷：其他收入　　100 000

第八章　工会支出核算

支出是指，工会为开展各项工作和活动所发生的各项资金耗费及损失。支出按照功能分为职工活动支出、维权支出、业务支出、行政支出、资本性支出、补助下级支出、事业支出、其他支出。

工会发生各项支出时，应当按照实际发生额入账。

一、工会支出核算的基本要求

支出是各级工会开展业务活动的主要内容，也是评价和考核各级工会职能履行具体情况的重要依据。和收入不同的是，工会支出必须严格按照“服务职工、面向工会”的原则安排相关各项业务活动。为确保各级工会支出业务的合法、真实和完整，工会支出核算的基本要求有：

（一）建立和完善与支出核算相关的内部控制体系

各级工会在建立与支出核算相关的内部控制体系时，应注意以下几个问题：

1. 严格按照支出预算的安排，确保各项支出在内容、时间和资金总量上保持一致，确保支出预算在工会各项支出活动中的“刚性约束”。

2. 按照“一支笔”审批的原则，各级工会应建立和完善与支出业务相关的授权标准、支付程序、支付审核以及资金办理的相关业务。实际工作中，各级工会有关支出的流程见图 8－1。

在图 8－1 中，有关支出控制的几个关键点有：一是所申请的资金是否有预算，如果没有预算，需要按照规定予以调整，否则不予审批；二是负责审批的人是否有权限，如果没有，需要按规定程序将支出业务交由有审批权限的人审批；三是财务部门根据有关审批结果，办理资金支付，在具体的支付过程中，财务机构应按照规定，对审批权限、额度、支付内容等相关内容进行复核，如果不符合要求，财务部门可以拒绝支付或者要求申请人按规定重新办理手续。

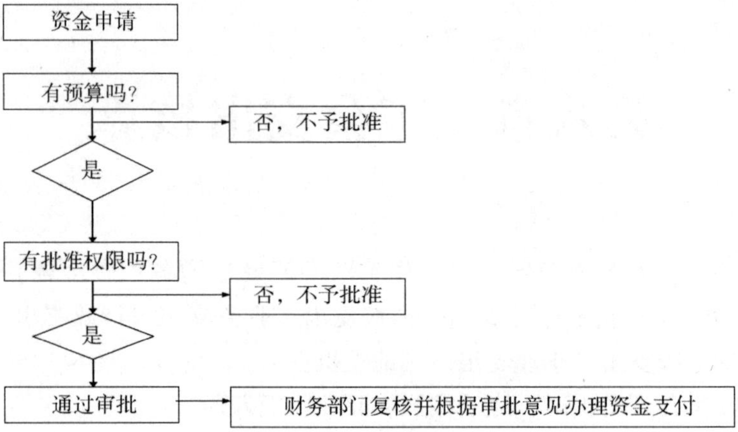

图 8－1　工会支出基本流程图

3. 建立和完善与支出相关业务的报销管理（见图 8－2），尤其是要明确报销业务的审批权、报销程序和责任等。

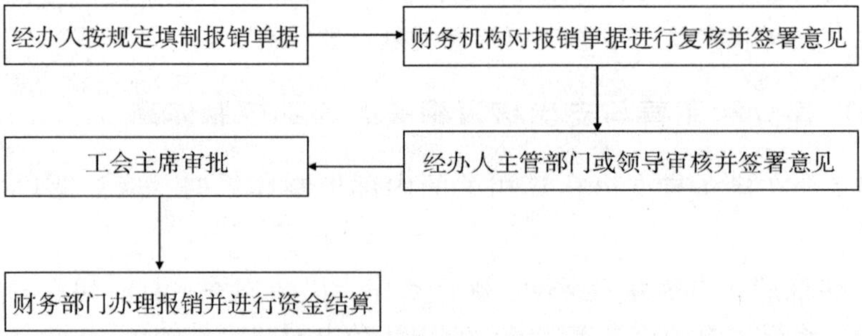

图 8－2　工会支出报销程序示意图

图 8－2 中，财务部门在对报销单据审核时，应重点关注单据的规范性、合法性和业务内容的真实性等内容。如果支出业务属于预付资金一类，还应根据审批的结果，办理资金结算，剩余资金应及时收回，不应长期挂账。

4. 按照不相容职务分离原则，将支出业务的相关岗位进行分离，严禁由一人全程办理与支出相关的所有业务环节。

（二）明确支出的确认标准，确保支出核算的合法性、准确性和完整性

各级工会在进行支出核算时的确认标准有三条：一是是否支出现金；二

是所支出的现金是否有求偿权；三是支出的金额能否可靠计量。某些支出可能在会计期间尚未支出现金，但支出现金的义务已经存在并且在未来的会计期间不存在不支付的可能性，对此在核算时也应作为支出进行确认，如会计年度结束按照规定应转拨或者补助下级或上级工会的各项经费等。

当一项业务被确认为支出时，各级工会应按照制度的规定，在报告期间进行合法、准确和完整的记录。不允许利用会计报告时点，对支出进行操纵；各级工会在对支出核算时，必须全部入账，不允许“账外记录”或者有“小金库”等违反财经纪律的行为；与支出取得的相关业务单据，凡是有统一规定的，应当使用统一的业务单据，凡是没有统一规定的，各级工会在根据需要，设置相应的业务单据过程中，应体现“不相容职务”分离原则，严禁一人全程经办与收入相关的业务。

（三）区分支出的资金来源，做到预算控制、专款专用

为应对劳动关系领域的新变化和新问题，在党政的支持下，工会加大了职工权益的维护和帮扶力度，党政所需、职工所急、工会所能的事情也更多地交给工会或者工会牵头去办。为使工会做好这些工作，党政和社会都给予了工会大力的资金支持。这些资金支持，要求工会完成相应的受托责任，如困难职工的帮扶、再就业培训、困难职工子女求学和困难职工慰问等。对此，各级工会应合理统筹各项资源，按照资源的规定用途，严格资金使用内容，确保专款专用，最大限度提高资金使用的经济效率和社会效果。

之所以强调按功能对支出进行分类，根本的目的在于使各级工会的会计信息与工会的职能发挥高度吻合，提高工会会计信息的公允性和可信性。

（四）规范科目设置，确保支出核算方法一致、口径相同、信息可比

各级工会在进行支出核算时，必须做到科目统一、核算规范、内容明确、要素完整。凡是制度规定的统一科目（含明细科目，下同），可以不用，但不能更改；凡是制度没有规定的科目，可以自行增设，但在相关数据汇总时，应予以调整，确保支出核算方法一致、口径相同、信息可比。

二、职工活动支出核算

职工活动支出是指，工会为会员及其他职工开展教育、文体、宣传等活动发生的支出。职工活动支出的受益对象是职工，包括会员和其他职工。职

工活动支出是工会参与、教育职能的重要体现，也是工会实现组织职能和履行维护职能的重要基础。

实际工作中，职工活动支出具有三方面的功能：一是有利于工会紧紧围绕大局，组织职工参与各项生产经营活动；二是有利于提高工会的影响力和凝聚力，巩固执政党的阶级基础；三是有利于充分调动职工参与生产的积极性，有利于职工技能的提高，促进组织文化建设。

（一）职工活动支出的科目设置

制度规定，工会应设置“职工活动支出”科目，核算职工活动方面的经费开支。支付职工活动资金时记录在借方，期末，应将本科目余额结转到“结余”科目，结转后本科目无期末余额。

注意，基层工会组织会员开展集体活动及会员特殊困难补助的费用，列入“职工活动支出”科目核算。

为详细反映职工活动支出的经费内容，制度规定应在该科目下设置以下明细科目：

1. 职工教育费，专门核算工会开展职工教育活动的各项支出。
2. 文体活动费，专门核算工会开展职工业余文体活动的各项支出。
3. 宣传活动费，专门核算工会开展职工宣传活动方面的各项支出。
4. 其他活动支出，专门核算基层工会支付的会员特殊困难补助的费用以及工会开展其他活动的各项支出。

（二）职工活动支出的账务处理

发生职工活动支出时，按活动内容，借记“职工活动支出”及相应的明细科目，贷记“库存现金”、“银行存款”等科目；期末结转时，借记“结余”科目，贷记“职工活动支出”科目。

例 8.1：某企业工会组织职工参加所在社区的群众性体育活动，用转账支票支付相关体育用品款 5 000 元。根据发票等相关单据，编制会计分录：

借：职工活动支出—文体活动费　　5 000

　贷：银行存款　　5 000

例 8.2：某企业工会组织职工参加安全教育培训，以现金支付授课教师课酬 3 000 元。根据相关单据，编制会计分录：

借：职工活动支出—职工教育费　　3 000

　贷：库存现金　　3 000

例8.3：某工会为职工购买《劳动合同法》教材1 000本共20 000元，款项以转账支票支付，根据购书发票和相关单据，编制会计分录：

借：职工活动支出—宣传活动费　20 000

　贷：银行存款　20 000

例8.4：某工会以现金向会员陈某发放困难补助金2 000元，根据相关单据，编制会计分录：

借：职工活动支出—其他活动支出　2 000

　贷：库存现金　2 000

期末，将上述职工活动支出结转到“结余”科目，编制会计分录：

借：结余　30 000

　贷：职工活动支出—文体活动费　5 000

　　　职工活动支出—职工教育费　3 000

　　　职工活动支出—宣传活动费　20 000

　　　职工活动支出—其他活动支出　2 000

三、维权支出核算

维权支出是指，各级工会直接用于维护职工权益的支出，包括劳动关系协调费、劳动保护费、法律援助费等相关支出。

维护职工的合法权益是工会的基本职责，也是工会工作的出发点和落脚点。加强劳动关系协调、开展劳动关系保护、积极主动为职工提供法律援助和对困难职工群体进行帮扶等是工会的职责，也是工会社会责任所在。将用于职工权益维护方面的资金使用单独反映，其目的有二：一是检验和考核工会基本职能履行情况；二是向社会彰显工会代表、维护职工权益，体现工会经费服务职工的基本原则。

（一）维权支出的科目设置

为记录和反映工会维权方面的经济活动，制度规定，各级工会应设置“维权支出”科目，核算工会直接用于维护职工权益的支出。根据维权活动的具体内容，相应设置以下明细科目：

1. 劳动关系协调费，核算工会在协调劳动关系争议中发生的支出。

2. 劳动保护费，核算工会开展职工劳动保护发生的支出。

3. 法律援助费，核算工会向职工群众提供法律咨询、法律服务等发生的支出。

4. 困难职工帮扶费，核算工会对困难职工帮扶发生的支出。

5. 送温暖费，核算工会向职工送温暖发生的支出。

6. 其他维权支出：核算以上各项维权活动之外的维权支出，如参与立法费等。

（二）维权支出的账务处理

各级工会发生维权、帮扶支出时，借记“维权支出”科目，贷记“库存现金”、“银行存款”等科目。县级以上工会按规定提取工会干部权益保障金时，借记“维权支出”科目，贷记“专用基金—权益保障金”科目。期末结转时，借记“结余”科目，贷记“维权支出”科目。本科目期末结转后无余额。

例8.5：某基层工会按规定支付职工劳动争议仲裁费1万元。根据相关单据，编制会计分录：

借：维权支出—劳动关系协调费　　10 000

　贷：银行存款　　10 000

例8.6：某市级工会按照合同约定，以转账支票支付律师事务所法律顾问费15万元。根据相关单据，编制会计分录：

借：维权支出—法律援助费　　150 000

　贷：银行存款　　150 000

例8.7：某工会为职工购买劳动保护用品5万元，款项用银行存款支付，根据相关单据，编制会计分录：

借：维权支出—劳动保护费　　50 000

　贷：银行存款　　50 000

例8.8：某工会按照规定，用现金支付困难职工子女学费9 000元。根据相关单据，编制会计分录：

借：维权支出—困难职工帮扶费　　9 000

　贷：库存现金　　9 000

例8.9：工会春节慰问困难职工支付现金5万元。根据相关单据，编制会计分录：

借：维权支出—送温暖费　　50 000

　贷：库存现金　　50 000

例8.10：某工会支付工会干部刘某参与三方联席会议制度研讨会差旅费等4000元。根据相关单据，编制会计分录：

借：维权支出—其他维权支出　　4 000

　贷：库存现金　　4 000

例 8.11：某工会按照规定提取工会干部权益保障金 10 万元。根据相关单据，编制会计分录：

借：维权支出—其他维权支出　　100 000

　贷：专用基金—权益保障金　　100 000

会计期末，应将“维权支出”的金额结转到“结余”科目，会计分录为：

借：结余　　373 000

　贷：维权支出—劳动关系协调费　　10 000

　　维权支出—法律援助费　　150 000

　　维权支出—劳动保护费　　50 000

　　维权支出—困难职工帮扶费　　9 000

　　维权支出—送温暖费　　50 000

　　维权支出—其他维权支出　　104 000

四、业务支出核算

业务支出是指，工会培训工会干部、加强自身建设及开展业务工作发生的各项支出。和职工活动支出、维权支出所不同的是，业务支出的受益对象是各级工会，支出是因工会业务活动而发生，包括工会干部、积极分子培训，工会组织建设以及各级工会所开展的调研活动等。

（一）业务支出的科目设置

制度规定，各级工会应设置“业务支出”科目，专门核算工会自身活动中开展的各项业务开支。发生与业务活动相关的支出时，在借方核算。贷方是期末余额的结转，结转后本科目无期末余额。

为详细反映工会业务经费的开支情况、加强经费管理、提高经费使用效率，制度规定，本科目在核算时，应根据具体的业务内容，设置以下明细科目：

1. 培训费，核算工会干部、积极分子培训等支出。

2. 会议费，核算工会代表大会、委员会、经审会以及工会专业工作会议的各项支出。

3. 外事费，核算工会开展外事活动方面的费用。

4. 专项业务费，核算工会开展工会组织建设、考核表彰、建家活动、大型专题调研、经审专用经费等专项业务发生的支出。

5. 其他业务支出，不属于以上业务开支的其他费用。

（二）业务支出的账务处理

各级工会发生业务支出时，借记“业务支出”及相应的明细科目，贷记“库存现金”、“银行存款”等科目。期末结转时，借记“结余”科目，贷记“业务支出”科目。本科目期末结转后无余额。

例 8.12：某工会召开基层工会建家活动表彰大会，支付奖金 8 万元。根据相关单据，编制会计分录：

借：业务支出—专项业务费　　80 000

　贷：库存现金　　80 000

例 8.13：某工会组织本系统干部参加贯彻落实科学发展观讲座，支付培训费及相关酬金 1 万元。根据相关单据，编制会计分录：

借：业务支出—培训费　　10 000

　贷：库存现金　　10 000

例 8.14：为全面了解金融危机对本地区职工权益的影响，工会聘请专门机构开展调研并支付调研经费 5 万元。根据相关单据，编制会计分录：

借：业务支出—专项业务费　　50 000

　贷：银行存款　　50 000

例 8.15：某工会报销工会干部参加全国工会理论研讨会会议费 5 000 元。根据相关单据，编制会计分录：

借：业务支出—会议费　　5 000

　贷：库存现金　　5 000

例 8.16：某工会报销工会干部轮训费用 6 000 元。根据相关单据，编制会计分录：

借：业务支出—培训费　　6 000

　贷：库存现金　　6 000

期末，将业务支出的金额结转到“结余”科目，编制会计分录：

借：结余　　151 000

　贷：业务支出—专项业务费　　130 000

　　　业务支出—培训费　　16 000

　　　业务支出—会议费　　5 000

五、行政支出核算

行政支出是指，工会为行政管理、后勤保障等发生的各项日常支出。和业务支出一样，工会行政支出的主体和受益对象都是工会自身，所不同的是，业务支出主要针对工会日常的业务活动而发生的开支，而行政支出主要是为保障工会正常业务开展而必须的行政管理、后勤保障等日常支出，如人员工资福利、办公用品以及交通工具等。

（一）行政支出的科目设置

工会应设置“行政支出”科目，核算工会为行政管理、后勤保障等发生的各项日常支出。发生支出时，记录在借方，期末，将本科目余额结转到“结余”科目，结转后本科目无期末余额。

为详细核算行政支出的范围和项目，加强经费管理，各级工会在对行政支出进行核算时，应按相应的内容设置以下明细科目进行具体核算：

1. 工资福利支出，核算工会开支的专职工作人员和聘用人员的各类劳动报酬，以及为上述人员缴纳的各项社会保险费等。包括：基本工资、津贴补贴、奖金、社会保障缴费、伙食补助费等。

2. 商品和服务支出，核算工会购买商品和服务的支出（不包括用于购置固定资产的支出）。包括：办公费、印刷费、咨询费、手续费、水费、电费、邮电费、物业管理费、交通费（燃料费、保险费、修理费、其他交通费）、差旅费（住宿费、旅费、伙食补助费、杂费）、维修（护）费、租赁费、招待费（餐费、其他招待费）、专用材料费、劳务费、委托业务费、工会经费、福利费等。

3. 对个人和家庭的补助，核算工会用于对个人和家庭的补助支出。包括：离休费、退休费、退职费、抚恤金、生活补助、医疗费、住房公积金、提租补贴、购房补贴等；需要指出的是，此处的个人和家庭仅指工会组织自身的职工或者家庭。

4. 其他行政支出，核算不能划分到上述经济科目的其他支出。

（二）行政支出的账务处理

各级工会支出人员经费时，借记“行政支出”科目，贷记“应付工资（离退休费）”、“应付地方（部门）津贴补贴”、“应付其他个人收入”等科目；同时，借记“应付工资（离退休费）”、“应付地方（部门）津贴补贴”、

“应付其他个人收入”等科目，贷记“银行存款”、“零余额账户用款额度”等科目。支出公用经费时，借记“行政支出”科目，贷记“库存现金”、“银行存款”等科目。期末结转时，借记“结余”科目，贷记本科目；本科目期末结转后无余额。

例8.17：某工会向计算机耗材公司支付耗材费2 000元。根据相关单据，编制会计分录：

借：行政支出—商品和服务支出　　2 000

　贷：银行存款　　2 000

例8.18：某工会将职工伙食补助金6 000元发放到职工工资卡中，根据补助费发放明细表等相关单据，编制会计分录：

借：行政支出—工资福利支出　　6 000

　贷：银行存款　　6 000

例8.19：某工会按规定支付职工购房补贴120万元，按照规定，该补贴由财政预算经费保障，根据相关单据，编制会计分录：

借：行政支出—对个人和家庭的补助　　1 200 000

　贷：零余额账户用款额度　　1 200 000

期末，按照规定，将行政支出科目余额结转到“结余”科目，编制会计分录：

借：结余　　1 208 000

　贷：行政支出—商品和服务支出　　2 000

　　　行政支出—工资福利支出　　6 000

　　　行政支出—对个人和家庭的补助　　1 200 000

六、资本性支出核算

资本性支出是指，工会从事建设工程、设备工具购置、大型修缮和信息网络购建而发生的实际支出。主要是各级工会进行工程建设、设备购置等资金需求量较大、使用期限较长的固定资产等支出活动。资本性支出的最大特征是与支出相关的等价物具有使用期限长、使用过程中一般不改变实物形态等特征，它一般构成工会的长期资产。

由于工会经费有限，实际工作中，与资本性支出相关的经费保障一般由财政或行政予以保障，尤其是工会从事的建设工程和大型修缮等项目，仅仅依靠工会自身的经费实力一般难以保障。

（一）资本性支出的科目设置

工会应设置“资本性支出”科目，发生支出时记录在贷方，期末，将本科目余额结转到“结余”科目，结转后本科目无期末余额。为反映资本性支出的具体项目，应设置以下明细科目进行核算：

1. 房屋建筑物购建，核算工会用于购买、自行建造办公用房、仓库、食堂等建筑物（含附属设施，如电梯、通讯线路、电缆、水气管道等）的支出。

2. 办公设备购置，核算工会购置纳入固定资产核算范围的办公家具和办公设备的支出。

3. 专用设备购置，核算工会购置具有专门用途、纳入固定资产核算范围的各类专用设备的支出。

4. 交通工具购置，核算工会用于购置各类交通工具的支出（含车辆购置税）。

5. 大型修缮，核算工会各类设备、建筑物等的大型修缮支出。

6. 信息网络购建，核算工会用于信息网络方面的支出，如计算机硬件、软件购置、开发、应用支出等。购建的计算机硬件、软件等不符合固定资产确认标准的，不在此科目核算（实际工作中一般纳入“库存物品”科目核算）。

7. 其他资本性支出，核算工会其他上述科目中未包括的资本性支出。

（二）资本性支出的账务处理

工会发生的购置房屋建筑物等，借记“资本性支出”科目，贷记“银行存款”科目，同时借记“固定资产”科目，贷记“固定基金”科目。

例 8.20：某工会经批准购置一套办公用房，支付价款 50 万元。根据相关单据，编制会计分录：

借：资本性支出—房屋建筑物购建　　500 000

　贷：银行存款　　500 000

同时：

借：固定资产—房屋建筑物　　500 000

　贷：固定基金　　500 000

如果是工会自行建造房屋建筑物、大型修缮等，发生基建支出时，借记“在建工程”科目，贷记“在建工程占用资金”科目，同时借记“资本性支出”科目，贷记“银行存款”科目。工程完工时，借记“固定资产”科目，贷记“在建工程”科目，同时借记“在建工程占用资金”科目，贷记“固定基金”科目。

例 8.21：某工会经批准对职工食堂进行改扩建，共支出 50 万元。根据相关单据，编制会计分录：

改扩建时：

借：在建工程—食堂改扩建　　500 000

　贷：在建工程占用资金　　500 000

同时：

借：资本性支出—大型修缮　　500 000

　贷：银行存款　　500 000

改扩建完工：

借：固定资产—房屋建筑物　　500 000

　贷：在建工程—食堂改扩建　　500 000

同时：

借：在建工程占用资金　　500 000

　贷：固定基金　　500 000

例 8.22：某工会支付网站建设费 6 万元。根据相关单据，编制会计分录：

借：资本性支出—信息网络购建　　60 000

　贷：银行存款　　60 000

同时：

借：固定资产——一般设备　　60 000

　贷：固定基金　　60 000

期末，按照规定，应将资本性支出的科目余额结转到“结余”科目，编制会计分录：

借：结余　　1 060 000

　贷：资本性支出—房屋建筑物购建　　500 000

　　　资本性支出—大型修缮　　500 000

　　　资本性支出—信息网络购建　　60 000

七、补助下级支出核算

补助下级支出是指，上级工会为解决下级工会经费不足或根据有关规定给予下级工会的各类补助款项。

按照规定，本级工会经费不足，可以向上级工会申请补助，尤其是工会经费上缴体制改革以来，随着全总经济调控能力的增强，对欠发达地区工会补助支持力度加大，以实现中国工会的均衡、可持续发展。

（一）补助下级支出的科目设置

工会应设置“补助下级支出”科目，支付补助时，记录在借方。期末，将本科目借方余额结转到“结余”科目，结转后本科目无期末余额。为便于补助支出的管理，应按照补助的具体类别设置以下明细科目进行核算：

1. 回拨补助，核算工会按有关规定给下级工会的回拨经费补助。
2. 专项补助，核算工会对下级工会指定项目的补助。
3. 超收补助，核算工会按有关超收增缴的规定对下级工会的超收补助。
4. 帮扶补助，核算工会按有关规定对下级工会的困难职工帮扶补助。
5. 送温暖补助，核算工会拨付下级工会用于开展送温暖活动的补助。
6. 救灾补助，核算工会拨付下级工会用于慰问在自然灾害中经济财产遭受损失、生活遇到困难的职工和家庭的补助。
7. 其他补助，核算工会拨付下级工会的、除上述明细科目所述内容以外的其他补助。

（二）补助下级支出的账务处理

本级工会发生补助下级支出时，借记“补助下级支出”科目相关明细科目，贷记“银行存款”等科目。期末结转时，借记“结余”科目，贷记“补助下级支出”科目。

例 8.23：某工会按照规定补助下级工会超收补助款 30 万元，回拨补助 20 万元，专项补助 8 万元，帮扶补助 15 万元，送温暖补助 10 万元，款项已支付，根据相关单据，编制会计分录：

借：补助下级支出—超收补助　　300 000
　　补助下级支出—回拨补助　　200 000
　　补助下级支出—专项补助　　80 000
　　补助下级支出—帮扶补助　　150 000
　　补助下级支出—送温暖补助　　100 000
　贷：银行存款　　300 000

期末，应将补助下级支出科目余额结转到“结余”科目，编制会计分录：

借：结余　　830 000
　贷：补助下级支出—超收补助　　300 000
　　　补助下级支出—回拨补助　　200 000
　　　补助下级支出—专项补助　　80 000

补助下级支出—帮扶补助　　150 000

补助下级支出—送温暖补助　　100 000

八、事业支出

事业支出是指，工会对独立核算的附属事业单位的补助和非独立核算的附属事业单位的各项支出。为促进工运事业的发展，根据相关规定，工会可以开办一些以服务职工、服务工会和服务社会为目的的一些实体或者学校等。

工会应设置“事业支出”科目，具体核算时应按单位或部门设置明细账。

发生相关支出时，借记“事业支出”科目，贷记“银行存款”等科目。期末结转时，借记“结余”科目，贷记“事业支出”科目。本科目期末结转后无余额。

例 8.24：某工会按照规定补助所办独立核算的职工夜校办学经费 100 万元，根据相关单据，编制会计分录：

借：事业支出—夜大　　1 000 000

　贷：银行存款　　1 000 000

期末，将事业支出科目余额结转到“结余”科目，编制会计分录：

借：结余　　1 000 000

　贷：事业支出—夜大　　1 000 000

九、其他支出核算

其他支出是指，各级工会除职工活动支出、维权支出、业务支出、行政支出、资本性支出、补助下级支出、事业支出以外的各项支出，它包括捐赠支出、资产盘亏等。

（一）其他支出的科目设置

工会应设置“其他支出”科目，核算各级工会以上支出项目以外的各项支出，如资产盘亏、固定资产处置净损失、捐赠支出以及按规定计提有关专用基金（如财务专用基金、增收留成基金）等。期末结转时，借记“结余”科目，贷记本科目。本科目期末结转后无余额。

（二）其他支出的账务处理

1. 盘亏的库存物品，按照账面余额，借记“其他支出”科目，贷记“库存物品”科目。

报废、毁损的库存物品，按照库存物品账面余额扣除可以收回的保险赔偿和过失人的赔偿等后的金额，借记“其他支出”科目，按库存物品账面余额，贷记“库存物品”科目，按照可以收回的保险赔偿和过失人赔偿等，借记“库存现金”、“银行存款”、“其他应收款”等科目。

2. 毁损、报废的固定资产，按账面原值，借记“固定基金”科目，贷记“固定资产”科目。同时，按清理过程中取得的收入，借记“库存现金”、“银行存款”等科目，按清理过程中发生的支出，贷记“库存现金”、“银行存款”等科目，按清理净收入（或净支出），贷记“其他收入”科目或借记“其他支出”科目。

3. 对外捐赠支出，借记“其他支出”科目，贷记“库存现金”、“银行存款”等科目。

4. 提取增收留成基金、财务专用基金时，借记“其他支出”科目，贷记“专用基金—增收留成基金、财务专用基金”科目。

例 8.25：某工会将不需要的一批办公设备经批准后予以报废，该批设备账面原值为 2 万元，同时用现金支付相关费用1 000元，报废资产变价收入为 4 000 元。根据相关单据，编制会计分录：

借：固定基金　　20 000

　贷：固定资产——般设备　　20 000

同时：

借：其他支出—固定资产清理支出　　1 000

　贷：库存现金　　1 000

借：库存现金　　4 000

　贷：其他收入　　4 000

例 8.26：某工会年末对库存物品进行盘点，盘亏数量为 10 件，单位成本为 8 元。根据经审批的盘点表，编制会计分录：

借：其他支出—库存物品盘亏　　80

　贷：库存物品　　80

期末，将当期发生的其他支出结转到“结余”科目，编制会计分录：

借：结余　　1 080

　贷：其他支出—固定资产清理支出　　1 000

　　　其他支出—库存物品盘亏　　80

第九章　工会会计报表

工会会计报表是指，反映各级工会财务状况、业务活动和预算执行结果的书面文件，它是各级工会领导、上级工会及其他会计报表使用者了解情况、掌握政策、指导工作的重要资料。其中，财务状况是指截止到报告期末，工会的资产、负债及其净资产的总额及结构。通过财务状况，可以评价各级工会资产的来源、分布及结构，也可以在某种程度上评价工会资产营运的效率；业务活动是各级工会根据《工会法》和《中国工会章程》所赋予的职责而开展的各项活动；活动所需经费是通过预算管理来实现的，因此，工会的会计报表除了反映财务结构，还反映预算执行情况。

一、会计报表概述

（一）会计报表的分类

会计报表可以从编制时间、编制范围、编制内容等方面进行不同类别的划分，基本种类见图 9－1。

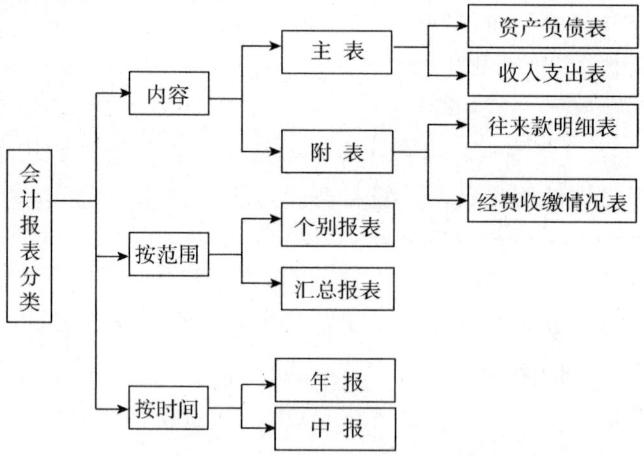

图 9－1　工会会计报表分类示意图

一般来说，工会会计报表主要包括资产负债表、收入支出表和附注三个层面，而相应的附表是对基本报表的补充。

工会会计报表分为年度会计报表和中期会计报表。以短于一个完整的会计年度的期间（如半年度、季度和月度）编制的会计报表称为中期会计报表。各级工会根据报表反映的内容来确定编制和提供报表的时间，不同报表的编制时间见表9－1。

表9－1　不同报表编制时间表

报表编号	会计报表名称	编制期
工会01表	资产负债表	月报、年报
工会02表	收入支出表	月报、年报
工会01表附表1	往来款项明细表	年报
工会02表附表1	经费收缴情况表	季报、年报

（二）会计报表的作用

编制会计报表是各级工会的法定义务，也是明确会计工作责任的重要依据。《会计法》规定，单位负责人对本单位的会计工作和会计资料的真实性、完整性负责，其中，单位负责人是指单位法定代表人或者法律、行政法规规定代表单位行使职权的主要负责人。具体的工会，就是各级工会的法定代表人，即工会主席或者行使职权的主要负责人，如常务副主席等。因此，重视会计报表的编制和管理工作，既是法律的要求，也是会计报表作用的体现。

1. *有助于工会工作的宏观管理*

工会的基本职责是维护职工的合法权益，做到这一点既需要党政和社会的广泛支持，更需要工会主动作为、源头参与、依法科学主动维权。会计报表作为各级工会报告期间业务活动的综合反映，通过对其的分析，可以了解各级工会的资金使用以及各项工作的开展情况，尤其是了解各地方工会是否按照全总的统一要求，集中财力服务服从于各项重点工作，即，会计报表有利于各级工会从总体上对当年工作的开展情况及其经费管理作出总体性评价。

2. *是确保工会经济行为合法合规的重要依据*

中国工会实行经费独立、单独核算的管理体制，同时，工会经费的使用依法接受国家监督。工会经费独立是法律规定的权利，依法接受国家监督也是法律规定的义务，各级工会必须牢牢树立工会财务工作和会计核算的财经纪律观念，确保工会经费依法适用、合理使用、有效使用。工会会计报表所反映的内容，无疑可以为工会内部的民主监督经费审查和外部监督提供重要的载体，从而以此对各级工会财经纪律的执行情况进行判定。

3. 为各级工会的决策提供依据

报表的基本功能就是决策的有用性。工会提供的会计报表，不仅格式统一、内容明确、数据准确，而且专业人员能熟悉，非专业人员能看懂，通过报表提供的财务信息，可以为工会领导开展决策、部署工作重点提供依据。

4. 为与工会相关的利益相关者提供信息

工会是党领导下的工人阶级群众组织。随着职工队伍的不断变化，与工会有关的利益相关群体也越来越多。在工会系统内部，职工有权知道工会经费的使用情况，这既是制度的要求，也是工会民主的基本原则。与此同时，政府、行政等虽给予工会补助，但如何补助、补助多少、什么时候补助、达到了什么效果必须是一本“明白账”，如果这些信息不能向利益相关者说明白，以后很难得到资金支持。

（三）会计报表的编制程序

会计信息是对经济业务的综合记录和反映，也是评价报表主体经济活动的重要依据。不同报表编制的具体程序虽然存在些许差异，但在基本程序方面基本一致。会计报表的编制程序见图9－2。

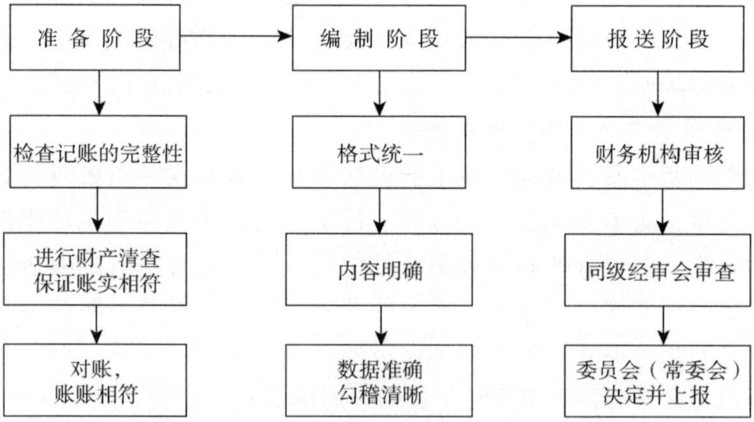

图9－2　工会会计报表编制的一般程序

（四）会计报表的编制要求

为最大限度体现报表作用，工会会计报表的编制应做到：

1. 依法编制、合法合规。各级工会应按照相关法律法规、全总及上级工会的规定，根据登记完整、核对无误的账簿记录和其他有关资料，依法、及时、准确编制相关报表，并按照规定程序进行上报。

2. 格式统一、内容完整明确。各级工会编制的报表必须按照统一的格式和内容进行编制，不得对格式和内容进行随意增减，保证内容的完整明确，以有利于工会报表数据的汇总和报表使用者的阅读。

3. 数据准确、勾稽清晰。各级工会在编制会计报表时，应严格按照凭证、账簿和报表的顺序进行处理。在编制报表前，要保证所有业务都已经处理完毕，并且要做到账账相符、账实一致、数据准确。不同报表之间的相关项目，应有比较严格的勾稽关系，以保证报表的正确性和清晰性。

4. 要素齐全。为明确会计报表的责任，报表的编制要素必须齐全，包括封面、编制单位、编制日期、填表人、审核人和财务负责人以及加盖单位公章等。

5. 报送及时。会计报表应按照要求及时编制长期、中期会计报表，并应按制度要求及时报送。

6. 本级工会要负责对所属单位会计报表和下级工会报送的年报进行审核、核批和汇总工作，定期向本级工会领导和上级工会报告本级工会预算执行情况。

7. 会计报表必须经会计主管人员和单位负责人审阅签章并加盖审查公章后上报。

二、资产负债表

资产负债表，是反映工会某一会计期末全部资产、负债和净资产情况的报表。

工会资产负债表编制的基本原理是：资产 = 负债 + 净资产。该等式既是资产负债表的编制基础，也是整个会计核算的基础。在单位的所有信息中，会计信息之所以能够得到各方公认和接受，一个重要的因素就在于会计信息所反映的经济业务是按照该等式进行编制和提供的，它反映了经济业务的来龙去脉和不同经济业务之间的逻辑关系。

（一）资产负债表的作用

编制资产负债表是各级工会的法定义务。各级工会必须按照制度的要求，编制和提供资产负债表。

从性质上看，资产负债表反映的数据都是“余额数”，是静态的，即反映的是截止到报告日工会的资产余额、负债余额和净资产余额，因此，资产负债表属于“静态报表”，是反映特定时点工会财务状况的报表。资产负债表有以下作用：

1. 反映工会资产的结构

根据“资产=负债+净资产”等式，各级工会资产的来源有两个渠道：一是通过负债形成，二是通过净资产形成。净资产的形成又有两个渠道：一是不涉及当期收支的净资产增加从而导致资产增加，如各级工会的固定资产购建、对外投资等；二是与当期收支有关的净资产增加，即结余，一般情况下，在其他因素不变的情况下，当期结余的增减变动在影响净资产的同时也影响到资产的变化。所以，通过资产负债表，可以为工会领导和上级工会以及其他报表使用者提供报告日工会资产的总额及其结构，为评价资产的安全性提供依据。

2. 是了解工会资产结构、评估其流动性和风险性的重要依据

从大类上，工会资产分为流动资产和长期资产，两者的最大区别在于：流动资产的流动性较强、使用期限较短，而长期资产则流动性较差、变现能力较弱。工会工作和工运事业的发展，必须在资产的结构方面取得平衡，过多的流动资产虽然有利于现实工会活动的开展，但不利于工会事业的长期可持续发展。截止到目前，各级工会的资产总额达到700多亿元，但2/3的资产属于长期资产，因此，工会资产虽然总额较大，但流动性不足，这也是为什么实际工作中强调工会经费的重要原因。与此同时，工会在日常活动中还可能产生一些债务，如工会举办的学校等，为筹集办学经费，都不同程度的以某种方式的抵押来换取办学资金，从而存在潜在的财务风险，而解决问题的关键就要求各级工会对这些实体的财务结构进行监管，确保合理的资产结构和债务规模，确保资产结构与债务结构的适配性，最大限度地防范和维护工会资产的安全和完整，资产负债表即可做到这一点。

3. 是考核工会资产保值增值的重要依据

对任何组织而言，其资源不可能无限提供。工会资产，一方面需要开源，但更重要的是在开源的基础上对资产进行有效利用。为加强工会资产的管理、提高工会资产的使用效率，全总办公厅于1995年就制定了《工会资产保值增值考核试行办法》，根据规定，工会资产保值增值率是报告期末的净资产与报告期初净资产的比较，在不考虑物价变动的情况下，如果期末净资产等于期初净资产，工会资产保值；如果期末净资产小于期初净资产，工会资产减值；如果期末净资产大于期初净资产，工会资产增值。并且，在保值增值率的具体计算时，还应扣除报告期间因客观因素而导致的净资产变动，如接受捐赠、

上级补助等，以客观反映工会资产保值增值情况。而资产负债表的净资产项目无疑为这一目标提供了依据。

另一方面，随着工会资产出资人制度的建立，可以预见，对工会资产保值增值的考核将越来越重视，与考核相关的资产负债表将被更加严格要求。

（二）资产负债表的格式

为便于资产负债表阅读、降低报表使用者的成本，制度对工会资产负债表提供了统一的编制格式，各级工会应在规定的时间按此格式进行编报，不得随意增减编报项目（具体格式见表9－2）。

表9－2　资产负债表

工会01表

编制单位：　　　　____年____月____日　　　　单位：元

项目	资产	年初数	期末数	项目	负债与净资产	年初数	期末数
	一、资 产				二、负 债		
101	库存现金			201	应付工资（离退休费）		
102	银行存款			202	应付地方（部门）津贴补贴		
111	零余额账户用款额度			203	应付其他个人收入		
112	财政应返还额度			211	借入款		
121	借出款			221	应付上级经费		
131	应收上级经费			222	应付下级经费		
132	应收下级经费			225	其他应付款		
135	其他应收款			231	代管经费		
141	库存物品				负债合计		
151	投资						
161	在建工程				三、净资产类		
162	固定资产			301	固定基金		
				302	在建工程占用资金		
				311	投资基金		
				321	专用基金		
				322	后备金		
				331	结余		
					净资产合计		
	资产总计				负债与净资产总计		

工会主席：　　　　财务负责人：　　　　复核：　　　　制表：

从表9－2可以看出：资产负债表的构成包括三个部分：一是报表名称；二是报表内容（主体）；三是报表责任。按照要求，这些要素必须齐备。

（三）资产负债表的编制

制度规定，工会至少应当编制月度、年度资产负债表，可以根据需要编制季度、半年度资产负债表。具体编制方法为：

1. 年（期）初数的编制方法

资产负债表“年（期）初数”的编制方法是将上年末（年报）或上期（月报或季报）的期末数直接填入本报表的期初数。没有特殊情况，本期资产负债表的期初数与上期资产负债表的期末数应一致。

2. 期末数的编制方法

（1）资产负债表“期末数”栏内各项目，根据本期末总账各科目余额直接填列。“结余”项目也可以根据上期资产负债表“结余—期末数”加上本期收入支出表“本期结余—本月数”并加上本期收回投资、减去本期对外投资后的金额填列。

（2）编制年度资产负债表时，将“期末数”栏改为“年末数”栏。年度资产负债表“年末数”栏内各项目，根据本年末总账各科目余额填列。

（四）资产负债表的附表

实际工作中，根据管理需要，可以对某些金额较大、潜在风险也较大的资产项目进行重点管理，编制附表是一种基本方法。

就工会组织而言，尽管其资产有很多项目，但与其他组织（比如上下级工会、与行政和政府以及其他单位或个人）的往来款事项无疑是管理的重点，因此，制度要求，各级工会在编制年度资产负债表时，应同时编报“往来款项明细表”作为对资产负债表中“往来款项目”的详细情况说明，为评价往来款的安全与完整提供依据（往来款项明细表基本格式见表9－3）。

表 9-3 往来款项明细表

工会 01 表附表 1

编制单位：　　　　　____年____月____日　　　　　　　　　　单位：元

资产类科目	具体内容	金额	负债类科目	具体内容	金额
借出款			借入款		
（按明细项目列）			（按明细项目列）		
应收上级经费			应付上级经费		
（按明细项目列）			（按明细项目列）		
应收下级经费			应付下级经费		
（按明细项目列）			（按明细项目列）		
其他应收款			其他应付款		
（按明细项目列）			（按明细项目列）		
			代管经费		
			（按明细项目列）		

工会主席：　　　　　财务负责人：　　　　　复核：　　　　　制表：

表 9-3 表明，往来款项的填制要求是按“明细项目”的具体构成进行填报。实际工作中，明细项目一般从往来款单位和经费内容两个方面进行界定，由于经费内容在相应的收入支出核算中已经明确，因此，实际编报往来款项明细表时一般按往来款单位进行填报即可。

需要说明的是，制度仅规定在年末需要编制往来款项明细表，各级工会也可以基于内部管理需要，对其他时间是否需要编制该表作出规定；除此以外，各级工会也可以结合自身的管理要求，要求编制一些其他附表，如投资明细表、固定资产明细表等。

和资产负债表编制方法有所不同的是，往来款项明细表的数据仅需要填报报告日的余额数，相关数据来源于对应的往来款项目所属明细科目。如某工会应收上级经费 50 万元，其中回拨补助 20 万元，超收补助 25 万元，其他补助 5 万元，编制报表时，除将此 30 万元直接填报在资产负债表中“应收上级经费”项目外，同时应将该余额填报在往来款项明细表中的“应收上级经费”项下，并按补助内容填报明细。

三、收入支出表

和资产负债表一样，收入支出表也是各级工会必须编制和提供的基本报表之一，是反映工会某一会计期间全部收入、支出及结余情况的报表。和资产负债表所不同的是，收入支出表中的数据是报告期间的累计数而不是时点数，是动态的，是反映工会在报告期间收支总额的。

（一）收入支出表的作用

1. 为各级工会及相关报表使用者了解工会经费的来源、构成提供依据

工会会计信息具有明显的“专款专用”的特征，各级工会在取得的相关收入和支出都应按规定的用途进行收取和使用，以维护财经纪律的严肃性。报表使用者通过该表可以了解到工会活动的经费收入和使用情况，还可以评价各级工会资金配置的重点和使用效率。

2. 为工会预决算的编制提供依据

工会预决算制度是工会经费管理的重要依据，也是衡量各级工会预算编制和执行质量的重要标准。各级工会必须严格按照“量入为出、保证重点、服务职工、面向工会”的原则，编制相关预算。在预算编制时，也应结合以前年度预算执行情况并结合本年度的工作重点和内容进行科学预测，做到预算的科学性、严谨性和可执行性，确保预算在经费管理中的“刚性约束”。而工会收支表无疑可以实现这一目的。

3. 为考核工会工作绩效提供依据

工会是职工自愿结合的群众性组织，其经费的收取和使用都应将职工的需求和职工合法权益的维护作为工作重点，而工会是否围绕这一重点开展工作，一个重要的依据就是看其经费的配置情况，这也为考核工会工作绩效提供直观依据。

（二）工会收入支出表的格式

和资产负债表一样，制度对工会收入支出表也规定了统一的格式和填报的内容（具体格式见表9－4）。

表9－4　收入支出表

工会02表

编制单位：　　　　____年____月　　　　单位：元

项　目		本月数	本年累计数
一、收　入			
401	会费收入		
402	拨缴经费收入		

续表

项 目		本月数	本年累计数
403	上级补助收入		
40301	回拨补助		
40302	专项补助		
40303	超收补助		
40304	帮扶补助		
40305	送温暖补助		
40306	救灾补助		
40307	其他补助		
404	政府补助收入		
405	行政补助收入		
406	事业收入		
407	投资收益		
408	其他收入		
本期收入合计			
二、支　出			
501	职工活动支出		
50101	职工教育费		
50102	文体活动费		
50103	宣传活动费		
50104	其他活动支出		
502	维权支出		
50201	劳动关系协调费		
50202	劳动保护费		
50203	法律援助费		
50204	困难职工帮扶费		
50205	送温暖费		
50206	其他维权支出		
503	业务支出		
50301	培训费		
50302	会议费		
50303	外事费		
50304	专项业务费		
50305	其他业务支出		

续表

项目		本月数	本年累计数
504	行政支出		
50401	工资福利支出		
50402	商品和服务支出		
50403	对个人和家庭的补助		
50404	其他行政支出		
505	资本性支出		
50501	房屋建筑物购建		
50502	办公设备购置		
50503	专用设备购置		
50504	交通工具购置		
50505	大型修缮		
50506	信息网络购建		
50507	其他资本性支出		
506	补助下级支出		
50601	回拨补助		
50602	专项补助		
50603	超收补助		
50604	帮扶补助		
50605	送温暖补助		
50606	救灾补助		
50607	其他补助		
507	事业支出		
508	其他支出		
本期支出合计			
三、本期结余			

工会主席：　　　　财务负责人：　　　　复核：　　　　制表：

从表 9-4 可以看出，工会收入支出表的基本要素也有三个方面：一是报表名称及编号；二是编制单位、时间以及相关人员的签字盖章等；三是工会在报告期间收入支出各项目的总额及其明细构成。

（三）工会收入支出表的编制

由于收入支出表属于动态报表，其数据填列包括本月数和本年累计数，前者反映报告期间的当月的经费收支情况，后者反映年初到报告期间的累计数，如6月份编制该表，本年累计数是1~6月份的合计数，而本月数仅指6月份的合计数；如果是年报，则本月数是指12月份的合计数，而本年累计数是1~12月份的累积合计数。

制度规定，工会至少应当编制月度、年度收入支出表，可以根据需要编制季度、半年度收入支出表。具体编制方法为：

1. 编制年度收入支出表时，将表头中的“____年__月”改为“____年度”；并将“本月数”栏改为“本年数”栏，将“本年累计数”栏改为“上年数”栏。

2. 本表“本月数”栏内各项目，根据本月总账各科目借方或贷方发生额填列。

年度收入支出表“本年数”栏内各项目，根据本年度总账各科目借方或贷方发生额填列。

3. 本表“本年累计数”栏内各项目，根据本月末总账各科目余额填列，也可以根据上月收入支出表“本年累计数”加上本月收入支出表“本月数”后的金额填列。

年度收入支出表“上年数”栏内各项目，根据上年度收入支出表“本年数”栏内各对应项目数字填列。

（四）收入支出表的附表

经费是工会财务工作的核心，也是会计核算的核心，为全面了解工会经费的有关情况，制度要求，各级工会应在季度和年度报表编制时，编制“经费收缴情况表”作为收入支出表的附表。该表既是上级工会确认应收下级经费的依据，也是上级工会了解工会经费在不同工会级次间分配的重要依据，各级工会应在规定的时间按照统一的格式准确编制该附表（经费收缴情况表基本格式见表9－5）。

表 9－5　经费收缴情况表

工会 02 表附表 1

编制单位：　　　　　　____年____季度　　　　　　　　　　单位：元

项目	应收经费				拨缴经费收入（本级）		应付经费				已付上级经费	应付未付上级经费
	应收上级经费		应收下级经费				应收上级经费		应收下级经费			
单位	比例	金额	比例	金额	比例	金额	比例	金额	比例	金额		
总计												

工会主席：　　　　　　财务负责人：　　　　　　复核：　　　　　　制表：

四、报表附注

附注是工会会计报表的重要组成部分。编制附注的目的在于帮助报表使用者全面了解和分析工会提供的财务信息并作出科学、合理的评价。报表附注一般是在会计期末编制，工会的年度报表则必须编制报表附注。

（一）报表附注的基本内容

1. 简要说明报告年度（期间）财务状况、经费收支情况以及主要经济行为的总体情况，在此基础上，结合报告期的数据和以前期间或期初的数据进行比较，根据比较作出趋势性的分析和预测。

2. 分析说明工会预算执行情况以及工会在筹集、分配、使用、管理经费过程中的成绩和问题，分析影响预算执行的原因，经费收支变动趋势。

3. 提出改进措施、意见和建议。改进措施、意见和建议一定要在第一部分和第二部分分析的基础上，结合所在单位、地区以及上级工会工作要求等相关情况，提出切实可行的解决措施、意见和建议，以提高附注的编制质量。

五、工会会计报表编制实务

（一）资料

×××市总工会2013年度相关资料如下：

1. 相关账户的年初（2013年1月1日）余额见表9-6。

表9-6 2013年年初余额表

科目名称	金额（元）	科目名称	金额（元）
库存现金	20 000	应付工资（离退休费）	
银行存款	1 000 000	应付地方（部门）津贴补贴	
零余额账户用款额度		应付其他个人收入	
财政应返还额度		借入款	100 000
借出款	300 000	应付上级经费	200 000
应收上级经费		应付下级经费	300 000
应收下级经费		其他应付款	100 000
其他应收款	50 000	代管经费	100 000
库存物品	120 000	固定基金	2 000 000
投资	100 000	在建工程占用资金	200 000
在建工程	200 000	投资基金	100 000
固定资产	2 000 000	专用基金	300 000
		后备金	200 000
		结余	190 000
合计	3 790 000	合计	3 790 000

2. 2013年度发生如下经济业务，根据业务进行账务处理，编制会计分录：

（1）工会为组织购买年度电影卡，用转账支票结算票款4万元。

借：职工活动支出—文体活动费　40 000

　贷：银行存款　40 000

（2）工会李然去体育用品商店购冬季长跑比赛奖品100件，共1500元，转账支票结算。

借：职工活动支出—文体活动费　1 500

　贷：银行存款　1 500

（3）经工会领导同意张小毛参加市总业务学习，借学费款5 000元，用转账支票结算。

借：其他应收款—张小毛　　5 000

　贷：银行存款　　5 000

（4）从银行提取现金2万元备用。

借：库存现金　　20 000

　贷：银行存款　　20 000

（5）工会行政管理人员报销购维修材料款1.5万元，用转账支票支付。

借：资本性支出—大型修缮　　15 000

　贷：银行存款　　15 000

（6）工会为召开会员表彰大会提取现金5 000元，用于表彰先进个人和集体。

借：业务支出—专项业务费　　5 000

　贷：银行存款　　5 000

（7）工会宣传委员周洲经主席批准借款1 000元，用于购买零星宣传用品。

借：其他应收款—周洲　　1 000

　贷：库存现金　　1 000

（8）张小毛参加市总业务学习回来报销费用5 500元，不足部分用现金支付。

借：业务支出—培训费　　5 500

　贷：其他应收款—张小毛　　5 000

　　　库存现金　　500

（9）工会宣传委员周洲，报销宣传用品费用800元后，退回余款。

借：职工活动支出—宣传活动费　　800

　　库存现金　　200

　贷：其他应收款—周洲　　1 000

（10）图书管理员购图书100本，计4 000元，由银行支付。

借：固定资产—图书　　4 000

　贷：固定基金　　4 000

借：职工活动支出—宣传活动费　　4 000

　贷：银行存款　　4 000

（11）工会人员购戴尔笔记本一台作为办公用电脑，计8 500元，由银行支付。

借：资本性支出—办公设备购置　　8 500

　贷：银行存款　　8 500

借：固定资产—一般设备　　8 500

　贷：固定基金　　8 500

(12) 工会人员购财务软件，计8 000元，由银行支付。

借：资本性支出—信息网络购建　　8 000

　贷：银行存款　　8 000

借：固定资产—一般设备　　8 000

　贷：固定基金　　8 000

(13) 由银行支付会员代表大会材料费、标牌款等6 000元。

借：业务支出 —会议费　　6 000

　贷：银行存款　　6 000

(14) 收行政拨付的职工困难救济款10万元。

借：银行存款　　100 000

　贷：行政补助收入　　100 000

(15) 发放职工困难救济款5万元。

借：维权支出—困难职工帮扶费　　50 000

　贷：银行存款　　50 000

(16) 经批准财政补助资金500万元，用于办公楼改建，已收到国库支付代理银行转来的“授权支付到账通知书”。

借：零余额账户用款额度　　5 000 000

　贷：政府补助收入　　5 000 000

(17) 从零余额用款额度账户直接支付办公楼改扩建支出450万元。

借：资本性支出—房屋建筑物购建　　4 500 000

　贷：零余额账户用款额度　　4 500 000

借：在建工程—固定资产改扩建　　4 500 000

　贷：在建工程占用资金　　4 500 000

借：财政应返还款　　500 000

　贷：零余额账户用款额度　　500 000

(18) 收到上级工会转拨的经费70万元，其中，属于本级经费的30万元，应回拨下级工会的40万元。

借：银行存款　　700 000

　贷：拨缴经费收入　　　　300 000

应付下级经费—应付下级转拨经费　　400 000

（19）收到上级工会转拨的建会筹备金30万元，其中属于本级的10万元，需返还下级筹建单位工会20万元。

借：银行存款　　300 000

贷：拨缴经费收入　　100 000

应付下级经费—应付建会筹备金　　200 000

（20）收到下级工会上缴经费90万元，其中，属于本级的经费30万元，剩余经费需上缴。

借：银行存款　　900 000

贷：拨缴经费收入　　300 000

应付上级经费—应上缴经费　　600 000

（21）本年度实际上缴上级经费70万元，转拨下级经费40万元，应返还下级筹建单位工会筹备金10万元。

借：应付上级经费—应上缴经费　　700 000

应付下级经费—应付下级转拨经费　　300 000

应付下级经费—应付建会筹备金　　100 000

贷：银行存款　　1 100 000

（22）年末，将当年度所有支出和收入科目余额结转到“结余”科目。

借：行政补助收入　　100 000

政府补助收入　　5 000 000

拨缴经费收入　　700 000

贷：职工活动支出—文体活动费　　41 500

职工活动支出—宣传活动费　　4 800

维权支出—困难职工帮扶费　　50 000

资本性支出—房屋建筑物购建　　4 500 000

资本性支出—大型修缮　　15 000

资本性支出—办公设备购置　　8 500

资本性支出—信息网络购建　　8 000

业务支出—会议费　　6 000

业务支出—专项业务费　　5 000

业务支出—培训费　　5 500

结余　　1 155 700

（二）根据上述业务编制试算平衡表

表9－7　试算平衡表

科　目	期初余额		本期发生		期末余额	
	借方	贷方	借方	贷方	借方	贷方
库存现金	20 000		20 200	1 500	38 700	
银行存款	1 000 000		2 000 000	1 263 000	1 737 000	
零余额账户用款额度			5 000 000	5 000 000		
财政应返还额度			500 000		500 000	
借出款	300 000				300 000	
应收上级经费						
应收下级经费						
其他应收款	50 000		6 000	6 000	50 000	
库存物品	120 000				120 000	
投 资	100 000				100 000	
在建工程	200 000		4 500 000		4 700 000	
固定资产	2 000 000		20 500		2 020 500	
应付工资(离退休费)						
应付地方（部门)津贴补贴						
应付其他个人收入						
借入款		100 000				100 000
应付上级经费		200 000	700 000	600 000		100 000
应付下级经费		300 000	400 000	600 000		500 000
其他应付款		100 000				100 000
代管经费		100 000				100 000
固定基金		2 000 000		20 500		2 020 500
在建工程占用资金		200 000		4 500 000		4 700 000
投资基金		100 000				100 000
专用基金		300 000				300 000
后备金		200 000				200 000
结余		190 000		1 155 700		1 345 700
职工活动支出			46 300	46 300		
维权支出			50 000	50 000		
资本性支出			4 531 500	4 531 500		
业务支出			16 500	16 500		

续表

科 目	期初余额		本期发生		期末余额	
	借方	贷方	借方	贷方	借方	贷方
拨缴经费收入			700 000	700 000		
行政补助收入			100 000	100 000		
政府补助收入			5 000 000	5 000 000		
合 计	3 790 000	3 790 000	23 591 000	23 591 000	9 566 200	9 566 200

（三）编制资产负债表和收入支出表

根据该年度期初余额和本年度业务的账务处理，在账账相符、账实一致的基础上，编制资产负债表和收入支出表（具体见表9－8和表9－9）。

表9－8 资产负债表

工会01表

编制单位：××市总工会　　2013年12月31日　　单位：____元

项目	资 产	年初数	期末数	项目	负债与净资产	年初数	期末数
	一、资 产				二、负 债		
101	库存现金	20 000	38 700	201	应付工资(离退休费)		
102	银行存款	1 000 000	1 737 000	202	应付地方（部门)津贴补贴		
111	零余额账户用款额度			203	应付其他个人收入		
112	财政应返还额度		500 000	211	借入款	100 000	100 000
121	借出款	300 000	300 000	221	应付上级经费	200 000	100 000
131	应收上级经费			222	应付下级经费	300 000	500 000
132	应收下级经费			225	其他应付款	100 000	100 000
135	其他应收款	50 000	50 000	231	代管经费	100 000	100 000
141	库存物品	120 000	120 000		负债合计	800 000	900 000
151	投 资	100 000	100 000				
161	在建工程	200 000	4 700 000		三、净资产类		
162	固定资产	2 000 000	2 020 500	301	固定基金	2 000 000	2 020 500
				302	在建工程占用资金	200 000	4 700 000
				311	投资基金	100 000	100 000
				321	专用基金	300 000	300 000

续表

项目	资 产	年初数	期末数	项目	负债与净资产	年初数	期末数
				322	后备金	200 000	200 000
				331	结余	190 000	1 345 700
					净资产合计	2 990 000	8 666 200
	资产总计	3 790 000	9 566 200		负债与净资产总计	3 790 000	9 566 200

工会主席:张力　　财务负责人:郭梅　　复核:李栋　　制表:吴丽

表 9－9　收入支出表

工会 02 表

编制单位：××市总工会　　2013 年度　　单位：____元

项 目		本月数	本年累计数
一、收　入			5 800 000
401	会费收入		
402	拨缴经费收入		700 000
403	上级补助收入		
40301	回拨补助		
40302	专项补助		
40303	超收补助		
40304	帮扶补助		
40305	送温暖补助		
40306	救灾补助		
40307	其他补助		
404	政府补助收入		5 000 000
405	行政补助收入		100 000
406	事业收入		
407	投资收益		
408	其他收入		
本期收入合计			5 800 000
二、支　出			
501	职工活动支出		46 300
50101	职工教育费		

续表

项目		本月数	本年累计数
50102	文体活动费		41 500
50103	宣传活动费		4 800
50104	其他活动支出		
502	维权支出		50 000
50201	劳动关系协调费		
50202	劳动保护费		
50203	法律援助费		
50204	困难职工帮扶费		
50205	送温暖费		50 000
50206	其他维权支出		
503	业务支出		16 500
50301	培训费		5 500
50302	会议费		6 000
50303	外事费		
50304	专项业务费		5 000
50305	其他业务支出		
504	行政支出		
50401	工资福利支出		
50402	商品和服务支出		
50403	对个人和家庭的补助		
50404	其他行政支出		
505	资本性支出		4 531 500
50501	房屋建筑物购建		4 500 000
50502	办公设备购置		8 500
50503	专用设备购置		
50504	交通工具购置		
50505	大型修缮		15 000
50506	信息网络购建		8 000

续表

项 目		本月数	本年累计数
50507	其他资本性支出		
506	补助下级支出		
50601	回拨补助		
50602	专项补助		
50603	超收补助		
50604	帮扶补助		
50605	送温暖补助		
50606	救灾补助		
50607	其他补助		
507	事业支出		
508	其他支出		
本期支出合计			4 644 300
三、本期结余			1 155 700

工会主席：张力　　财务负责人：郭梅　　复核：李栋　　制表：吴丽

报表编制完毕后，应对报表进行勾稽关系检查，主要的勾稽关系有：一是资产负债表和收入支出表的勾稽关系，资产负债表的期末结余应等于该表的期初结余加上收入支出表的当期结余数；二是资产负债表内部勾稽关系，如投资与投资基金、在建工程与在建工程占用基金以及固定资产与固定基金等；三是上下级工会报表项目中的勾稽关系，如应收上下级经费、补助收入等项目，应在报表上报审查时予以核对。

第十章　工会经济活动分析

经济活动是指，特定组织或个人在一定规则约束下所开展的、以达成组织目标或满足个人需求为目的的一切资源利用行为。就工会组织而言，其经济活动的实质是围绕工会经费展开的各项业务活动，以更好地实现工会表达和维护职工权益的基本职能。

一、工会经济活动分析

工会经济活动分析是指，各级工会以中国特色社会主义工会发展道路理论为指导，通过对工会预算、工作计划、统计信息和会计数据等相关资料的综合应用，综合描述、分析和评价各级工会在分析年度所开展经济活动的合法性、合规性和有效性的一种综合性管理行为。

（一）工会经济活动分析的特点

1. 工会经济活动分析是以中国特色社会主义工会发展道路为理论指导。中国特色社会主义工会发展道路是党领导下的中国特色社会主义道路的重要组成部分，是各级工会团结和带领广大职工积极投身社会主义现代化建设和实现中华民族伟大复兴的“中国梦”的行动指南，是各级工会开展经济活动，更好地维护职工合法权益、促进工运事业发展的根本依据，因此，工会经济活动分析必须自觉遵循和坚持这一理论指导，合法、高效地开展各项经济活动。

2. 工会经济活动分析是以法律法规和上级工会的方针政策为工作依据。合法性是各级开展经济活动的直接依据，也是各级工会开展经济活动分析的依据。各级工会的经济活动必须在国家统一的法规制度和财经纪律框架下，将上级工会的要求和本级工会的实际有机结合，创造性地开展各项经济活动，更好地实现工会经费的经济效益和社会效益的有机统一。

3. 工会经济活动分析的内容围绕工会经费展开，各项经济活动的分析应充分体现工会经费服务职工合法权益维护和促进工运事业发展两条主线，更好地实现工会的基本职能。

4. 工会经济活动分析的目标是检验和评价各级工会经费使用的效率和效

果。在具体的分析过程中，要借助各级工会的会计信息、统计信息、调研信息以及工作计划等相关资料，对工会经费的收、管、用进行全方位、全过程的分析和评价。

（二）工会经济活动分析的意义

1. 通过工会经济活动分析，可以更好地促使各级工会收好、用好和管好工会经费。工会经费是各级工会组织依法取得的、专门用于职工合法权益维护和工运事业发展的非偿还性资金。通过经济活动分析，可以对各级工会依法聚财、合理用财、科学管财的经费管理行为进行有效评价，为工会经费管理的配置提供决策依据。

2. 通过经济活动分析，有助于各级工会科学决策的实现和各项工作计划的制订，更好地评价各级工会的经费管理绩效和水平，更好地约束各级工会严格按照制度要求不断优化经费结构，不断保障工会工作的重点。

3. 通过经济活动分析，有助于各级工会不断完善经费管理水平，帮助各级工会自觉按经济规律办事，最大限度发挥工会经费的经济效益和社会效益，更好地服务职工合法权益维护和促进工运事业发展。

4. 通过经济活动分析，在有助于工会自身改进和完善经济活动管理能力的同时，也有助于党政和职工会员等相关利益群体客观评价各级工会经济活动的有效性，为把党政所需、职工所急、工会所能的事情做好、做实、做到位，将更多的资源和手段聚合在各级工会，更好地发挥工会的桥梁和纽带作用。

二、工会经济活动分析的方法

决策目的不同，工会经济活动的分析方法也存在差异。常见的工会经济活动分析方法包括比较分析法、比率分析法、因素分析法等。实际工作中，究竟采用哪一种分析方法，主要取决于分析者的目的以及偏好，方法本身并不存在所谓的优劣。

（一）比较分析法

比较分析法主要是指，各级工会通过对年度标准值和实际值进行分析比较，寻求差异的原因，为下一步的改善寻求路径支持的一种方法。各级工会在分析年度经济活动表现以及未来年度经济活动的决策方面，一般采用该方法。实际工作中，比较分析法要注意以下三个问题：

1. 数据类型的选择。数据类型包括绝对数和相对数（也即“比率”）两种。究竟选择哪一种数据作为分析值，需要具体问题具体分析。

一般情况下，在涉及规模或者总量方面，可以用绝对数来表达，比如工会的会员总数、资产规模、经费总额等；在涉及结构或成长性等方面，一般用比率，比如经费增长率、经费结构等。

2. 标准值的选择。标准值是比较分析法不可或缺的一个元素，没有标准，就无法分析。就工会经济活动分析而言，可作为标准值的选项一般有三类：（1）工会的工作任务或者工作计划；（2）工会的预算；（3）工会各项财务数据的预算等。

3. 实际值的选择。和标准值一样，实际值也是各级工会经济活动采用比较分析法不可或缺的一个元素。实际工作中，实际值的来源主要有两类：（1）分析年度财务数据，主要通过报表体现出来；（2）分析年度各级工会对所分析工作进行的专门调研或统计数据等。比较而言，以财务数据为载体的实际值更具有分析意义。

4. 数据口径问题。数据口径的一致性是各级工会在经济活动中应用比较分析法需要注意的一个问题。在将非财务数据作为标准值和实际值进行分析时，数据口径尤为重要。举一个简单的例子，比如我们要分析报告年度人均维权支出，为使数据可比，就需要同时考虑维权支出列支的制度口径以及能够享受这类经费服务的职工群体划分标准等是否有变化，如果有，则需要进行相应调整，若不调整，则应在分析结论中强调一句话：未考虑相关因素变化所带来的影响，之所以这样做，实际上是让分析报告的读者更好地利用分析结论服务决策和管理工作。

（二）比率分析法

和比较法不同的是，比率分析法是一种典型的相对数分析法，涉及的数据至少有两个，并且这两个财务指标存在内在的一致关系。

实际工作中，工会经济活动分析中比率分析法应用较为广泛，尤其是在工会经费、财务结构、经费水平等方面的经济活动分析中，比率分析法的应用更为广泛。作为一种分析方法，该方法在实际运用中要注意以下两个问题：

1. 指标的一致性，包括：（1）指标内涵的一致性，比如，拨缴经费收入与职工工资总额的关系等，只有指标之间存在内在联系，才能根据其相关关系计算分析比率；（2）指标时间的一致性，尤其是以工会财务数据为基础计算比率时，必须选择同一会计期间有内在联系的财务指标计算比率；（3）通过相关比率进行外部比较时，要确保比率计算在口径上的一致性。

2. 规则的相同性，是在利用会计信息对经济活动进行分析时，尤其要充分考虑会计规则选择对会计数据的影响。

（三）因素分析法

因素分析法是指，依据分析指标与其影响因子之间的关系，按照一定的程序和方法，确定各因子对分析指标差异影响程度的一种方法。因素分析法是经济活动中重要的分析方法之一，在工会经济活动分析中具有重要意义，在具体运用时，因素分析法又可以分为连环替代法和差额法两种。

1. 连环替代法

连环替代法是因素分析法的一种常见方式，其基本的分析步骤为：

（1）确定分析指标与其影响因子之间的关系。方法是用指标分解的办法，将经济指标在计算公式的基础上进行分解或扩展，从而得出各影响因素与分析指标之间的关系。以某工会的会费收入分析为例，其影响因子有会员人数、计费工资基数和缴费比率三个。在分析期间，该工会的会费收入可以列出公式：

会费收入＝因子1（会员人数）×因子2（计费工资基数）×因子3（缴费比率）　（公式A）[①]

（2）根据分析期间相关指标的实际值与标准值建立指标体系，确定分析对象。仍以会费收入分析（即公式A）为例，建立的两个指标体系是：

标准的会费收入＝标准因子1×标准因子2×标准因子3　（公式B）

实际的会费收入＝实际因子1×实际因子2×实际因子3　（公式C）

分析对象＝公式B－公式C　（公式D）[②]

（3）连环顺序替代，计算替代结果。具体方法是以标准值指标体系（公式B）为基础，用实际指标中（即公式C）的每一个影响因素的实际值顺序地替代相应的标准值，每次被替代的因素被保留下来。在每次替代后，按关系式计算其结果，有几个影响因素就替代几次，并以此为依据，计算相应的替代结果。

（4）比较各因素的替代结果，确定各因素对分析指标的影响程度。比较替代结果是连环进行的，即将此因素的替代结果与前一因素的替代结果进行比较，二者的差额就是该替代因素对分析对象的影响程度。

---

① 此处因子1、因子2和因子3均指会员人数、计费工资基数和缴费比率，下同。

② 以会费收入为例，公式D中的分析对象实际上是分析该工会年度会费收入的变动。

（5）检验分析结果。将各因素对分析指标的影响结果相加，其代数和应等于分析对象（公式D）。如果二者相等，证明分析结果可能是正确的，反之，可能是错误的。

需要说明的是，连环替代法的运用步骤“环环相扣、逐次替换”，尤其是前四个步骤，只能按部就班地去执行，任何一个步骤出现错误，都将导致结果不准确。表10－1即是连环替代法的具体运用。

表10－1　连环替代法分析结果举例：以某工会的会费收入为例

影响因子	2013年实际值	2013年标准值（预算数）
会员人数（人）	15	13
计费工资基数（元/人）	60	80
缴费比率（%）	2	1
会费收入（元）	18	10.4

连环替代法的分析过程：

第一步：确定影响因素：

根据计算公式A，影响分析对象会费收入的因子有会员人数、计费工资基数和缴费比率三个。

第二步：确定分析对象，即会费收入：

会费收入＝2013年实际值－2013年标准值＝18－10.4＝7.6

第三步：根据影响因子逐序对标准值体系进行替代，过程如下：

1. 标准指标体系：会费收入＝13×80×1＝10.4
2. 用实际会员人数替代对应的标准值，替换结果为：会费收入＝15×80×1＝12
3. 用实际计费工资基数替代对应的标准值，结果为：会费收入＝15×60×1＝9
4. 用实际缴费比率替代对应的标准值，结果为：会费收入＝15×60×2＝18

第四步：计算每个因子替换结果的影响：

1. 会员人数的影响＝12－10.4＝1.6
2. 计费工资基数的影响＝9－12＝－3
3. 缴费比率的影响＝18－9＝9

第五步：检验分析结果：

分析结果＝1.6＋(－3)＋9＝7.6，和分析对象结果相等。

综合结论：

1. 该工会2013年度会费收入比预算数增加了7.6元，主要的原因是：一是和预算数比较，会员人数提高使得会费收入增加了1.6；二是和预算数比较，计费工资基数下降使得会费收入比预算数少3元；三是缴费比率上升，使得会费收入比预算数增加了9。

2. 就该工会该年度的会费收入而言，最主要的因素是受缴费比率提升的影响，因此，需要对缴费比率的合规性和可持续性等问题予以充分关注。

2. *差额计算法*

和连环替代法相比较，差额计算法本质上也属于连环替代法，只不过在步骤上存在差异。该方法的基本步骤为：

（1）将分析指标进行分解，确定影响分析指标的主要因素，此步骤的方法和连环替代法一致。

（2）确定分析对象，即实际分析指标和标准分析指标的差异，此方法和连环替代法一样。

（3）计算并确定每种因素实际值与标准值之间的影响差异，计算公式为：

某个因素实际数对分析指标的影响数 =（该因素的实际数 − 该因素的标准数）×尚未替代的其他影响因素的标准数

（4）检验分析结果，方法和连环替代法一致。表 10 − 2 是差额分析法的具体运用。

表 10 − 2　差额分析法分析结果举例：以某工会的会费收入为例

影响因子	2013 年实际值	2013 年标准值（预算数）
会员人数（人）	15	13
计费工资基数（元/人）	60	80
缴费比率（%）	2	1
会费收入（元）	18	10.4

连环替代法的分析过程：

第一步：确定影响因素：

根据计算公式 A，影响分析对象会费收入的因子有会员人数、计费工资基数和缴费比率三个。

第二步：确定分析对象：

会费收入 = 2013 年实际值 − 2013 年标准值 = 18 − 10.4 = 7.6

第三步：计算各影响因素的影响结果：

1. 标准指标体系（公式 B）：会费收入 = 13 × 80 × 1 = 10.4
2. 用实际会员人数替代对应的标准值，替换结果为：会费收入 =（15 − 13）× 80 × 1 = 1.6
3. 用实际计费工资基数替代对应的标准值，结果为：会费收入 = 15 ×（60 − 80）× 1 = −3
4. 用实际缴费比率替代对应的标准值，结果为：会费收入 = 15 × 60 ×（2 − 1）= 9

第四步：检验分析结果：

分析结果 = 1.6 +（−3）+ 9 = 7.6（元），和分析对象结果相等。

需要说明的是，不是所有的连环替代法都可以用差额计算法进行简化，特别是在各因素之间不是连乘的情况下，运用差额计算法必须慎重。换句话说，因素分析法中，差额法可以替代连环替代法，但是，不是所有的连环替代法都可以用差额法替换——当各影响因素不是连乘的情况下，连环替代法就不能用差额法进行简化。

（四）图解分析法

图解分析法是各级工会经济活动分析中较为有用的一种分析方法。就实务的应用来看，图解分析法可以用于绝对数和相对的比较或者趋势分析，其优点是直观性、形象性和生动性，可以大大提高经济分析报告的可读性。实际工作中，常用的图解分析法包括对比分析图解法、结构分析图解法、趋势分析图解法等。

1. 对比分析图解法

对比分析图解法是指，将分析期间相关分析对象的实际值、标准值（比较值）用图形的形式列示在图表中，借以揭示实际值与标准值之间差异的一种方法。柱状图是对比分析图解法的常见形式。

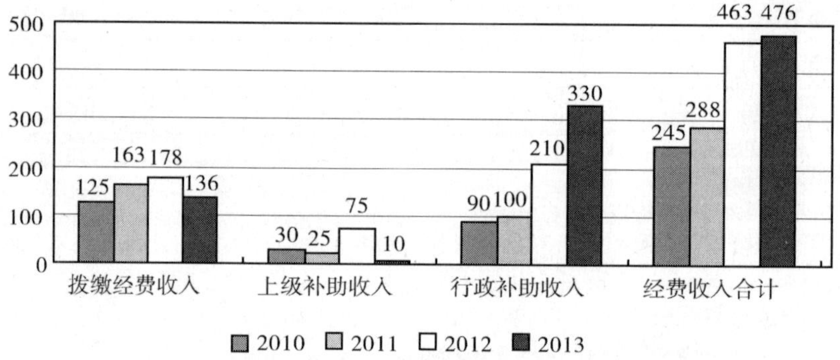

图 10－1　某工会 2010～2013 年度经费收入示意图

图 10－1 表明，该工会在此期间的经费收入总额从 2010 年的 245 万元增加到 476 万元，增长将近 1 倍；导致该工会在此期间经费收入增长比较快的主要原因是行政补助收入的大幅上升，这说明同级行政对工会工作的支持力度较大。与此同时，该工会拨缴经费收入虽然略有增长，但 2013 年比 2012 年反而减少了 42 万元，这需要引起关注，应通过上级经审会的监督和检查，察看是否存在同级行政“以补代拨”的问题，如果存在，则说明该工会存在截留上级工会经费的可能。

2. 结构分析图解法

结构分析图解法主要适于分析一些部分占总体的比重，如经费结构、资产结构、会员结构等。结构分析图解法较为直观，不仅可以显示被分析对象的总体情况，还便于观察总体对象中的具体项目构成情况。如图 10－2 中，某工会 2013 年度的经费总额为 476 万元，其中，拨缴经费收入为 136 万元，上级补助收入 10 万元，行政补助收入为 330 万元，不同经费的结构比分别为 28.57%、2.1% 和 69.33%。

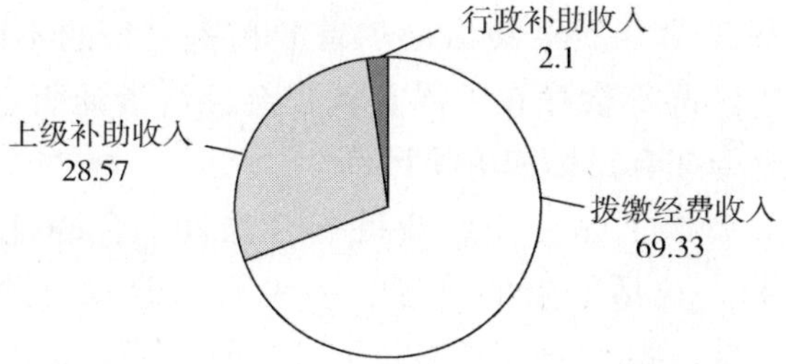

10－2 某工会 2013 年度经费结构示意图（单位:%）

3. *趋势分析图解法*

趋势分析图解法对于显现各级工会的某一分析指标在不同区间的变化具有直观意义。以图 10－1 的数据为例，不同年度同一经费的变化趋势示意图见图 10－3。

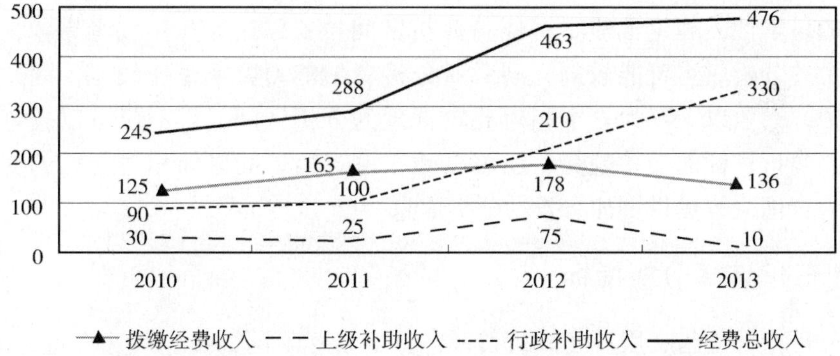

图 10－3 某工会 2010～2013 年度经费收入变化趋势示意图

（五）综合分析法

综合分析法是指，在上述分析方法的基础上，通过指标评分或构建指标内部关系图的方式，综合分析各级工会经济活动的一种方法。

实际工作中，综合分析法应围绕工会经费展开，重点关注经费的执行情况，以此为基础，进一步分析评价经费配置的合理性、科学性和有效性，为工会事权的有效开展提供决策依据。

三、工会经济活动的分析流程

（一）明确分析目标

分析目标是各级工会开展经济活动的首要前提。目的不同，分析方法、选取的指标以及分析区间都会存在差异。就工会经济活动而言，常见的经济活动分析目标可以分为综合目标和单项目标。

综合目标是指，各级工会有关经费运行合法性、合理性和科学性的全过程、全方位的分析，包括经费的管理、预决算的编制、会计信息的完备性等。

和综合目标不同，单项分析主要侧重于某一方面的经济活动关注，比如工会财务结构的分析，工会资产保值增值的分析以及工会预算科学性、合理性等的分析等。

（二）确定分析区间

就决策的角度看，工会经济活动分析一般要选择相应的分析区间。为使决策的科学性，理论上应尽可能将分析区间拉长，比如 3 年或者 5 年，但由此产生的分析成本可能较高，同时对分析者的能力要求也比较严，因此实务工作中，一般以 3 年为一个相对比较合理的分析区间。它不仅可以较好地反映相关分析目标的变动趋势，还可以动态地观察不同区间相关指标的变动情况，为合理决策提供更加有效的分析信息。

（三）选择分析指标

分析指标是指，服务于分析目标，分析目标不同，指标的选择也有差异。一般情况下，分析指标的选择可以从定性分析和定量分析两个维度来设置。实际工作中，凡涉及相关财务数据的分析主要是用定量的方式进行，而涉及工会管理决策行为的一些分析，比如工会组建率、劳动关系争议等，则可以在定量的基础上，加大定性分析的比重。

（四）收集和整理相关分析数据

就工会经济活动而言，与分析相关的数据来源包括会计数据、预算数据、工作记录以及统计数据等。不管用哪些数据，在具体收集、整理和计算过程中，要充分考虑数据的可比性、可信度以及可获取性等，尤其是在作比较或者趋势分析时，这方面的关注尤为重要。

（五）撰写经济分析报告

经济分析报告是整个经济活动分析的成果，也是报告使用者进行管理决策的直接依据。实际工作中，分析报告要做到依据充分、逻辑清晰、语言简洁、结论明了、建议可行。报告一般包括三个部分：

1. 标题，报告标题应与分析目的直接相关。

2. 正文，主要是就分析报告所涉的分析依据、数据来源、基本结论、问题原因以及建议等进行详细说明。

3. 报告书名，主要是告知报告使用者分析报告出自何人、何部门之手，便于分析报告的使用者直观获取报告的分析意图，以便其更快和更好地作出决策。（工会经济活动分析流程示意图见图 10－4）。

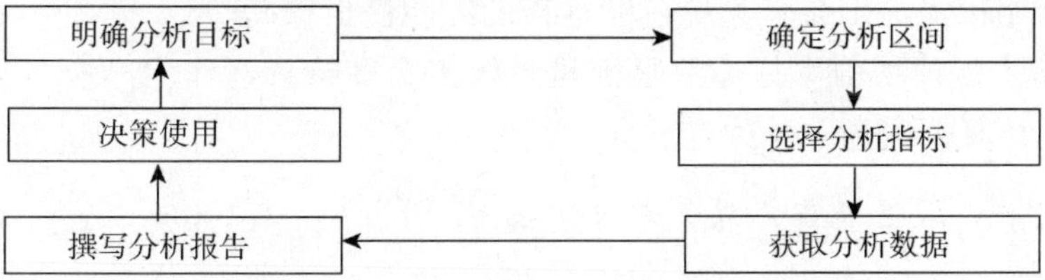

10－4　工会经济活动分析流程示意图

四、工会经济活动分析的指标体系

工会是非营利组织，因此，工会经济活动分析的指标体系归纳起来有三类：

（一）工会财务状况分析指标体系

工会财务状况是各级工会对期末资产、负债及净资产的总额及其比例关系进行报告。它是各级工会在持续运作中的资源积累的反映，是各级工会持续运作的物质基础。工会财务状况分析的常见指标有：

1. 资产负债率，它是各级工会资产总额中的债务比重，计算公式为：

$$工会资产负债率 = \frac{负债总额}{资产总额} \times 100\% \qquad （公式1）$$

一般情况下，资产负债率越高，工会持续运作面临的风险也越大。具体分析时，还应结合工会的债务结构来进行具体判断。

就现有的工会会计制度来看，各级工会的负债主要有应付工资（离退休费）、应付地方（部门）津贴补贴、应付其他个人收入、借入款、应付上级经费、应付下级经费、其他应付款和代管经费等。

总体上看，工会的非营利性决定其债务规模总体可控，在经费收入有保障的情况下，各级工会一般不会出现债务失控的问题，但作为财务状况分析，资产负债率仍然是一个需要关注的指标。尤其是由工会作为出资人兴办经营实体分析时，资产负债率是一个非常重要的风险观察指标，在经济分析实务中需要引起重视。

2. 资产结构比率，它是分析和评价各级工会不同资产在总资产中的比重的一种方法，计算公式为：

$$\text{某一资产的比重} = \frac{\text{该项资产金额}}{\text{资产总额}} \times 100\% \qquad \text{（公式2）}$$

资产结构比重有助于各级工会分析和评价资产的合理性。一般情况下，长期资产比较多的工会，其可持续运作的可能性也较高。

3. 资产保值增值率指标，是衡量各级工会在持续运作中净资产累积速度的指标，计算公式为：

$$\text{工会资产保值增值率} = \frac{\text{期末净资产}}{\text{期初净资产}} \times 100\% \qquad \text{（公式3）}$$

一般情况下，该指标的值越高，工会资产保值增值率越好。当然，在具体的分析时，需要考虑三个问题：一是工会资产的使用价值问题，也就是说，纳入分析的资产能够为工会的持续运作提供物质基础；二是工会资产的经济价值问题，特别是与履职相关的受环境、技术进步等影响较大的资产，应在分析时对其经济价值进行适度的评估；三是工会资产的产权问题，各级工会在分析保值增值率时，一定要注意相关资产产权的完整性。

（二）工会经费管理指标体系

工会经费是工会财务的核心，也是各级工会持续运作的财力基础，收好、用好和管好工会经费不仅仅是工会财务工作的要求，也是各级工会经济分析活动的重点。实际工作中，工会经费分析的指标体系主要有：

1. 经费自给率，是各级工会按照制度规定满足日常经济活动的自有经费保障程度，计算公式为：

$$\text{工会经费自给率} = \frac{\text{拨缴经费收入}}{\text{工会经费支出总额}} \times 100\% \qquad \text{（公式4）}$$

一般情况下，如果该指标过低，则说明工会日常经济活动主要依赖包括各类补助等在内的经费保障，很多时候，这些经费存在很大的不确定性，因此，过低的经费自给率会使工会的日常业务活动受到很大的影响；当然，这也为工会争取包括上级补助收入等在内提供了依据。

2. 工会经费收缴率，是各级工会按照规定应收取的拨缴经费收入，计算公式为：

$$工会经费收缴率 = \frac{拨缴经费收入}{所在单位职工工资总额 \times 2\%} \times 100\% \quad （公式5）$$

理论上，该指标的理想值应为100%，即所谓的“应收尽收”。如果分析年度发现，该指标值过低或者与同地区、同类型工会相比，比率并不理想，则需要对拨缴经费的收缴调整策略。

3. 工会资源聚合能力，是各级工会在履职过程中寻求各类资源的能力，计算公式为：

$$工会资产聚合能力 = \frac{各类补助收入 + 投资收益}{经费收入总额} \times 100\% \quad （公式6）$$

一般情况下，该指标的比值越高，说明工会履职过程中争取各方资源的效果较好，工会职能的履行也有较好的物质基础。

4. 工会经费支出结构比率，是观察和评价各级工会经费支出结构的重要比率，也是衡量工会经费配置能力和管理绩效的重要指标，计算公式为：

$$工会经费支出结构 = \frac{某项经费支出金额}{经费支出总额} \times 100\% \quad （公式7）$$

按照规定，各级工会应将经费重点放在职工权益维护、职工素质教育以及工会自身建设等方面。在实际的分析中，要注意观察这方面的支出结构是否合理，和以前年度比的变化趋势如何，以此为基础，对所在单位的劳动关系状况作出一个基本判断，并为未来年度的经费配置提供决策依据；具体分析时，还应在支出大类的基础上，细化支出子项目，以更准确地反映工会经费的使用结构。

5. 经费累积率，即各级工会当年经费结余对累计结余的贡献度，计算公式为：

$$工会经费累积率 = \frac{当年结余}{累积结余} \times 100\% \quad （公式8）$$

按照相关要求，各级工会的年度经费一般不允许出现赤字，但也不鼓励有过多的经费结余。如果工会经费累积率较高，至少反映在经费的配置方面尚需进一步提高管理水平，以更好地履行工会职责。

附件

中华人民共和国会计法

（1985年1月21日第六届全国人民代表大会常务委员会第九次会议通过　根据1993年12月29日第八届全国人民代表大会常务委员会第五次会议《关于修改〈中华人民共和国会计法〉的决定》修正　1999年10月31日第九届全国人民代表大会常务委员会第十二次会议修订）

第一章　总　则

第一条　为了规范会计行为，保证会计资料真实、完整，加强经济管理和财务管理，提高经济效益，维护社会主义市场经济秩序，制定本法。

第二条　国家机关、社会团体、公司、企业、事业单位和其他组织（以下统称单位）必须依照本法办理会计事务。

第三条　各单位必须依法设置会计账簿，并保证其真实、完整。

第四条　单位负责人对本单位的会计工作和会计资料的真实性、完整性负责。

第五条　会计机构、会计人员依照本法规定进行会计核算，实行会计监督。

任何单位或者个人不得以任何方式授意、指使、强令会计机构、会计人员伪造、变造会计凭证、会计账簿和其他会计资料，提供虚假财务会计报告。

任何单位或者个人不得对依法履行职责、抵制违反本法规定行为的会计人员实行打击报复。

第六条　对认真执行本法，忠于职守，坚持原则，做出显著成绩的会计人员，给予精神的或者物质的奖励。

第七条　国务院财政部门主管全国的会计工作。

县级以上地方各级人民政府财政部门管理本行政区域内的会计工作。

第八条　国家实行统一的会计制度。国家统一的会计制度由国务院财政部门根据本法制定并公布。

国务院有关部门可以依照本法和国家统一的会计制度制定对会计核算和会计监督有特殊要求的行业实施国家统一的会计制度的具体办法或者补充规定，报国务院财政部门审核批准。

中国人民解放军总后勤部可以依照本法和国家统一的会计制度制定军队实施国家统一的会计制度的具体办法，报国务院财政部门备案。

第二章　会计核算

第九条　各单位必须根据实际发生的经济业务事项进行会计核算，填制会计凭证，登记会计账簿，编制财务会计报告。

任何单位不得以虚假的经济业务事项或者资料进行会计核算。

第十条　下列经济业务事项，应当办理会计手续，进行会计核算：

（一）款项和有价证券的收付；

（二）财物的收发、增减和使用；

（三）债权债务的发生和结算；

（四）资本、基金的增减；

（五）收入、支出、费用、成本的计算；

（六）财务成果的计算和处理；

（七）需要办理会计手续、进行会计核算的其他事项。

第十一条　会计年度自公历 1 月 1 日起至 12 月 31 日止。

第十二条　会计核算以人民币为记账本位币。

业务收支以人民币以外的货币为主的单位，可以选定其中一种货币作为记账本位币，但是编报的财务会计报告应当折算为人民币。

第十三条　会计凭证、会计账簿、财务会计报告和其他会计资料，必须符合国家统一的会计制度的规定。

使用电子计算机进行会计核算的，其软件及其生成的会计凭证、会计账簿、财务会计报告和其他会计资料，也必须符合国家统一的会计制度的规定。

任何单位和个人不得伪造、变造会计凭证、会计账簿及其他会计资料，不得提供虚假的财务会计报告。

第十四条　会计凭证包括原始凭证和记账凭证。

办理本法第十条所列的经济业务事项，必须填制或者取得原始凭证并及时送交会计机构。

会计机构、会计人员必须按照国家统一的会计制度的规定对原始凭证进行审核，对不真实、不合法的原始凭证有权不予接受，并向单位负责人报告；对记载不准确、不完整的原始凭证予以退回，并要求按照国家统一的会计制度的规定更正、补充。

原始凭证记载的各项内容均不得涂改；原始凭证有错误的，应当由出具单位重开或者更正，更正处应当加盖出具单位印章。原始凭证金额有错误的，应当由出具单位重开，不得在原始凭证上更正。

记账凭证应当根据经过审核的原始凭证及有关资料编制。

第十五条 会计账簿登记，必须以经过审核的会计凭证为依据，并符合有关法律、行政法规和国家统一的会计制度的规定。会计账簿包括总帐、明细帐、日记账和其他辅助性账簿。

会计账簿应当按照连续编号的页码顺序登记。会计账簿记录发生错误或者隔页、缺号、跳行的，应当按照国家统一的会计制度规定的方法更正，并由会计人员和会计机构负责人（会计主管人员）在更正处盖章。

使用电子计算机进行会计核算的，其会计账簿的登记、更正，应当符合国家统一的会计制度的规定。

第十六条 各单位发生的各项经济业务事项应当在依法设置的会计账簿上统一登记、核算，不得违反本法和国家统一的会计制度的规定私设会计账簿登记、核算。

第十七条 各单位应当定期将会计账簿记录与实物、款项及有关资料相互核对，保证会计账簿记录与实物及款项的实有数额相符、会计账簿记录与会计凭证的有关内容相符、会计账簿之间相对应的记录相符、会计账簿记录与会计报表的有关内容相符。

第十八条 各单位采用的会计处理方法，前后各期应当一致，不得随意变更；确有必要变更的，应当按照国家统一的会计制度的规定变更，并将变更的原因、情况及影响在财务会计报告中说明。

第十九条 单位提供的担保、未决诉讼等或有事项，应当按照国家统一的会计制度的规定，在财务会计报告中予以说明。

第二十条 财务会计报告应当根据经过审核的会计账簿记录和有关资料编制，并符合本法和国家统一的会计制度关于财务会计报告的编制要求、提供对象和提供期限的规定；其他法律、行政法规另有规定的，从其规定。

财务会计报告由会计报表、会计报表附注和财务情况说明书组成。向不同的会计资料使用者提供的财务会计报告，其编制依据应当一致。有关法律、行政法规规定会计报表、会计报表附注和财务情况说明书须经注册会计师审计的，注册会计师及其所在的会计师事务所出具的审计报告应当随同财务会计报告一并提供。

第二十一条 财务会计报告应当由单位负责人和主管会计工作的负责人、

会计机构负责人（会计主管人员）签名并盖章；设置总会计师的单位，还须由总会计师签名并盖章。

单位负责人应当保证财务会计报告真实、完整。

第二十二条 会计记录的文字应当使用中文。在民族自治地方，会计记录可以同时使用当地通用的一种民族文字。在中华人民共和国境内的外商投资企业、外国企业和其他外国组织的会计记录可以同时使用一种外国文字。

第二十三条 各单位对会计凭证、会计账簿、财务会计报告和其他会计资料应当建立档案，妥善保管。会计档案的保管期限和销毁办法，由国务院财政部门会同有关部门制定。

第三章　公司、企业会计核算的特别规定

第二十四条 公司、企业进行会计核算，除应当遵守本法第二章的规定外，还应当遵守本章规定。

第二十五条 公司、企业必须根据实际发生的经济业务事项，按照国家统一的会计制度的规定确认、计量和记录资产、负债、所有者权益、收入、费用、成本和利润。

第二十六条 公司、企业进行会计核算不得有下列行为：

（一）随意改变资产、负债、所有者权益的确认标准或者计量方法，虚列、多列、不列或者少列资产、负债、所有者权益；

（二）虚列或者隐瞒收入，推迟或者提前确认收入；

（三）随意改变费用、成本的确认标准或者计量方法，虚列、多列、不列或者少列费用、成本；

（四）随意调整利润的计算、分配方法，编造虚假利润或者隐瞒利润；

（五）违反国家统一的会计制度规定的其他行为。

第四章　会计监督

第二十七条 各单位应当建立、健全本单位内部会计监督制度。单位内部会计监督制度应当符合下列要求：

（一）记账人员与经济业务事项和会计事项的审批人员、经办人员、财物保管人员的职责权限应当明确，并相互分离、相互制约；

（二）重大对外投资、资产处置、资金调度和其他重要经济业务事项的决策和执行的相互监督、相互制约程序应当明确；

（三）财产清查的范围、期限和组织程序应当明确；

（四）对会计资料定期进行内部审计的办法和程序应当明确。

第二十八条 单位负责人应当保证会计机构、会计人员依法履行职责，不得授意、指使、强令会计机构、会计人员违法办理会计事项。

会计机构、会计人员对违反本法和国家统一的会计制度规定的会计事项，有权拒绝办理或者按照职权予以纠正。

第二十九条 会计机构、会计人员发现会计账簿记录与实物、款项及有关资料不相符的，按照国家统一的会计制度的规定有权自行处理的，应当及时处理；无权处理的，应当立即向单位负责人报告，请求查明原因，作出处理。

第三十条 任何单位和个人对违反本法和国家统一的会计制度规定的行为，有权检举。收到检举的部门有权处理的，应当依法按照职责分工及时处理；无权处理的，应当及时移送有权处理的部门处理。收到检举的部门、负责处理的部门应当为检举人保密，不得将检举人姓名和检举材料转给被检举单位和被检举人个人。

第三十一条 有关法律、行政法规规定，须经注册会计师进行审计的单位，应当向受委托的会计师事务所如实提供会计凭证、会计账簿、财务会计报告和其他会计资料以及有关情况。

任何单位或者个人不得以任何方式要求或者示意注册会计师及其所在的会计师事务所出具不实或者不当的审计报告。

财政部门有权对会计师事务所出具审计报告的程序和内容进行监督。

第三十二条 财政部门对各单位的下列情况实施监督：

（一）是否依法设置会计账簿；

（二）会计凭证、会计账簿、财务会计报告和其他会计资料是否真实、完整；

（三）会计核算是否符合本法和国家统一的会计制度的规定；

（四）从事会计工作的人员是否具备从业资格。

在对前款第（二）项所列事项实施监督，发现重大违法嫌疑时，国务院财政部门及其派出机构可以向与被监督单位有经济业务往来的单位和被监督单位开立账户的金融机构查询有关情况，有关单位和金融机构应当给予支持。

第三十三条 财政、审计、税务、人民银行、证券监管、保险监管等部门应当依照有关法律、行政法规规定的职责，对有关单位的会计资料实施监督检查。

前款所列监督检查部门对有关单位的会计资料依法实施监督检查后，应当出具检查结论。有关监督检查部门已经作出的检查结论能够满足其他监督检查部门履行本部门职责需要的，其他监督检查部门应当加以利用，避免重复查账。

第三十四条 依法对有关单位的会计资料实施监督检查的部门及其工作人员对在监督检查中知悉的国家秘密和商业秘密负有保密义务。

第三十五条 各单位必须依照有关法律、行政法规的规定，接受有关监督检查部门依法实施的监督检查，如实提供会计凭证、会计账簿、财务会计报告和其他会计资料以及有关情况，不得拒绝、隐匿、谎报。

第五章 会计机构和会计人员

第三十六条 各单位应当根据会计业务的需要，设置会计机构，或者在有关机构中设置会计人员并指定会计主管人员；不具备设置条件的，应当委托经批准设立从事会计代理记账业务的中介机构代理记账。

国有的和国有资产占控股地位或者主导地位的大、中型企业必须设置总会计师。总会计师的任职资格、任免程序、职责权限由国务院规定。

第三十七条 会计机构内部应当建立稽核制度。

出纳人员不得兼任稽核、会计档案保管和收入、支出、费用、债权债务账目的登记工作。

第三十八条 从事会计工作的人员，必须取得会计从业资格证书。

担任单位会计机构负责人（会计主管人员）的，除取得会计从业资格证书外，还应当具备会计师以上专业技术职务资格或者从事会计工作三年以上经历。

会计人员从业资格管理办法由国务院财政部门规定。

第三十九条 会计人员应当遵守职业道德，提高业务素质。对会计人员的教育和培训工作应当加强。

第四十条 因有提供虚假财务会计报告，做假账，隐匿或者故意销毁会计凭证、会计账簿、财务会计报告，贪污，挪用公款，职务侵占等与会计职务有关的违法行为被依法追究刑事责任的人员，不得取得或者重新取得会计从业资格证书。

除前款规定的人员外，因违法违纪行为被吊销会计从业资格证书的人员，自被吊销会计从业资格证书之日起五年内，不得重新取得会计从业资格证书。

第四十一条 会计人员调动工作或者离职，必须与接管人员办清交接手续。

一般会计人员办理交接手续，由会计机构负责人（会计主管人员）监交；

会计机构负责人（会计主管人员）办理交接手续，由单位负责人监交，必要时主管单位可以派人会同监交。

第六章　法律责任

第四十二条　违反本法规定，有下列行为之一的，由县级以上人民政府财政部门责令限期改正，可以对单位并处三千元以上五万元以下的罚款；对其直接负责的主管人员和其他直接责任人员，可以处二千元以上二万元以下的罚款；属于国家工作人员的，还应当由其所在单位或者有关单位依法给予行政处分：

（一）不依法设置会计账簿的；

（二）私设会计账簿的；

（三）未按照规定填制、取得原始凭证或者填制、取得的原始凭证不符合规定的；

（四）以未经审核的会计凭证为依据登记会计账簿或者登记会计账簿不符合规定的；

（五）随意变更会计处理方法的；

（六）向不同的会计资料使用者提供的财务会计报告编制依据不一致的；

（七）未按照规定使用会计记录文字或者记账本位币的；

（八）未按照规定保管会计资料，致使会计资料毁损、灭失的；

（九）未按照规定建立并实施单位内部会计监督制度或者拒绝依法实施的监督或者不如实提供有关会计资料及有关情况的；

（十）任用会计人员不符合本法规定的。

有前款所列行为之一，构成犯罪的，依法追究刑事责任。

会计人员有第一款所列行为之一，情节严重的，由县级以上人民政府财政部门吊销会计从业资格证书。

有关法律对第一款所列行为的处罚另有规定的，依照有关法律的规定办理。

第四十三条　伪造、变造会计凭证、会计账簿，编制虚假财务会计报告，构成犯罪的，依法追究刑事责任。

有前款行为，尚不构成犯罪的，由县级以上人民政府财政部门予以通报，可以对单位并处五千元以上十万元以下的罚款；对其直接负责的主管人员和其他直接责任人员，可以处三千元以上五万元以下的罚款；属于国家工作人员的，还应当由其所在单位或者有关单位依法给予撤职直至开除的行政处分；

对其中的会计人员，并由县级以上人民政府财政部门吊销会计从业资格证书。

第四十四条 隐匿或者故意销毁依法应当保存的会计凭证、会计账簿、财务会计报告，构成犯罪的，依法追究刑事责任。

有前款行为，尚不构成犯罪的，由县级以上人民政府财政部门予以通报，可以对单位并处五千元以上十万元以下的罚款；对其直接负责的主管人员和其他直接责任人员，可以处三千元以上五万元以下的罚款；属于国家工作人员的，还应当由其所在单位或者有关单位依法给予撤职直至开除的行政处分；对其中的会计人员，并由县级以上人民政府财政部门吊销会计从业资格证书。

第四十五条 授意、指使、强令会计机构、会计人员及其他人员伪造、变造会计凭证、会计账簿，编制虚假财务会计报告或者隐匿、故意销毁依法应当保存的会计凭证、会计账簿、财务会计报告，构成犯罪的，依法追究刑事责任；尚不构成犯罪的，可以处五千元以上五万元以下的罚款；属于国家工作人员的，还应当由其所在单位或者有关单位依法给予降级、撤职、开除的行政处分。

第四十六条 单位负责人对依法履行职责、抵制违反本法规定行为的会计人员以降级、撤职、调离工作岗位、解聘或者开除等方式实行打击报复，构成犯罪的，依法追究刑事责任；尚不构成犯罪的，由其所在单位或者有关单位依法给予行政处分。对受打击报复的会计人员，应当恢复其名誉和原有职务、级别。

第四十七条 财政部门及有关行政部门的工作人员在实施监督管理中滥用职权、玩忽职守、徇私舞弊或者泄露国家秘密、商业秘密，构成犯罪的，依法追究刑事责任；尚不构成犯罪的，依法给予行政处分。

第四十八条 违反本法第三十条规定，将检举人姓名和检举材料转给被检举单位和被检举人个人的，由所在单位或者有关单位依法给予行政处分。

第四十九条 违反本法规定，同时违反其他法律规定的，由有关部门在各自职权范围内依法进行处罚。

第七章 附 则

第五十条 本法下列用语的含义：

单位负责人，是指单位法定代表人或者法律、行政法规规定代表单位行使职权的主要负责人。

国家统一的会计制度，是指国务院财政部门根据本法制定的关于会计核算、会计监督、会计机构和会计人员以及会计工作管理的制度。

第五十一条 个体工商户会计管理的具体办法，由国务院财政部门根据本法的原则另行规定。

第五十二条 本法自2000年7月1日起施行。

工会会计制度

第一章 总 则

第一条 为了规范工会会计行为，保证会计信息质量，根据《中华人民共和国会计法》、《中华人民共和国工会法》等有关规定，制定本制度。

第二条 本制度适用于各级工会组织。

第三条 工会会计是各级工会核算、反映、监督工会预算执行和经济活动的专业会计。工会依法建立独立的会计核算管理体系，与工会预算管理体制相适应。

第四条 县级以上（含县级，下同）工会应当设置会计机构，配备专职会计人员。县级以下工会应当根据会计业务的需要设置会计机构或者在有关机构中设置专职会计人员；不具备设置条件的基层工会，应当委托经批准设立从事会计代理记账业务的中介机构代理记账或者聘请兼职会计。

第五条 各级工会应当建立健全内部控制体系，完善岗位责任制度和内部稽核制度。县级以上工会应当组织指导和检查下级工会会计工作，负责制定有关实施细则或补充规定；组织工会会计人员培训，不断提高政策、业务水平。

第六条 工会应当对其自身发生的经济业务进行会计处理和报告。

第七条 工会会计应当以工会的持续运行为前提。

第八条 工会应当划分会计期间，分期结算账目和编制会计报表。会计期间分为年度和中期，中期是指短于一个完整的会计年度的报告期间（如半年度、季度和月度）。

第九条 工会会计应当以货币计量，以人民币作为记账本位币。

第十条 工会会计以收付实现制为基础，以权责发生制为补充。

第十一条 工会会计要素包括：资产、负债、净资产、收入和支出。其平衡公式为：资产 = 负债 + 净资产。

第十二条 会计应当采用借贷记账法记账。

第十三条 会计记录的文字应当使用中文。在民族自治地方，会计记录可以同时使用当地通用的一种民族文字。

第二章 一般原则

第十四条 工会提供的会计信息应当符合工会宏观管理的要求，满足会计信息使用者的需要，满足本级工会加强财务管理的需要。

第十五条 工会会计应当以实际发生的经济业务为依据，如实反映工会财务状况、各项收支情况及结果，保证会计信息真实可靠、内容完整。

第十六条 工会提供的会计信息应当清晰明了，便于理解和使用。

第十七条 工会会计应当按照规定的会计处理方法进行，前后各期一致，不得随意变更，以确保会计信息口径一致，相互可比。

第十八条 工会会计应当遵循重要性原则。对于重要的经济业务，应当单独反映。

第十九条 工会应当及时进行会计处理和报告，不得提前或延后。

第二十条 资产在取得时应当按照实际成本计量。除另有规定外，一律不得自行调整账面价值。

第二十一条 凡是指定用途的资金，应按规定的用途专款专用，并单独反映。

第三章 资 产

第二十二条 资产是工会拥有或控制的能以货币计量的经济资源。包括流动资产、投资和固定资产等。

第二十三条 流动资产是指预计在一年内（含一年）变现或者耗用的资产。主要包括货币资金、借出款、应收款项、库存物品等。

（一）货币资金包括库存现金、银行存款等。

货币资金应当按照实际发生额入账。工会应当设置库存现金和银行存款日记账，按照业务发生顺序逐日逐笔登记。库存现金的核算应当做到日清月结，其账面余额必须与库存数相符；银行存款的账面余额应当与银行对账单定期核对，如有不符，应编制银行存款余额调节表调节相符。

工会发生外币业务时，应当将有关外币金额折算成人民币金额记账。

（二）借出款是工会因开展工作或发展工运事业的需要而出借给其他工会或工会所属单位的款项。

工会应当对借出款严格管理，借出每笔款项时均需与借款单位签订书面文件，署明用途和还款期限，还款期限通常不应超过三年；对于逾期未还款的借出款，需在年度会计报表附注中说明原因。逾期三年以上、因借款单位原因尚未收回的借出款，报经批准认定确实无法收回或者报经批准认定不再要求借款单位还款的，应及时予以核销。

（三）应收款项包括应收上级经费、应收下级经费、其他应收款等。

应收上级经费是工会应收未收的上级工会应拨付（或划转）工会经费和补助。应收下级经费是本级工会应收下级工会的上缴经费。其他应收款是工会除应收上下级经费以外的其他应收及暂付款项。

应收款项应当按照实际发生额入账。期末，工会应当分析各项应收款项的可收回性，对于确实不能收回的应收款项应报经批准认定后及时予以核销。

（四）库存物品指工会取得的将在日常活动中耗用的材料、物品及达不到固定资产标准的工具、器具等。

库存物品在取得时应当按照其实际成本入账。购入、有偿调入的库存物品以实际支付的价款记账。无偿调拨、接受捐赠的库存物品以其公允价值或者有关凭据注明的金额（加上相关费用）记账。

库存物品在发出（领用或出售等）时，应当根据实际情况在先进先出法、加权平均法、个别计价法中选择一种方法确定发出库存物品的实际成本，一经选定，不得随意变更。

工会应当定期对库存物品进行清查盘点，每年至少全面盘点一次。对于盘盈、盘亏或报废、毁损的库存物品，应当及时查明原因，报经批准认定后及时进行处理。盘盈的库存物品按照其公允价值入账，并计入当期收入；盘亏的库存物品，将其账面余额计入当期支出。报废、毁损的库存物品，先扣除残料价值、可以收回的保险赔偿和责任人赔偿等，将净损失计入当期支出。

第二十四条　投资是指工会按照国家有关法律、行政法规和工会的相关规定，以货币资金、实物资产等方式向其他单位的投资。投资按其流动性分为短期投资和长期投资；按其性质分为股权投资、债权投资等。

（一）投资在取得时应当按照其实际成本入账。以货币资金方式对外投资，以实际支付的款项记账。以实物资产方式对外投资，以评估确认或合同、协议确定的价值记账。

（二）投资期内取得的利息、利润、红利等各项投资收益，应当计入当期收入。

（三）处置（出售）投资时，实际取得价款与投资账面余额的差额，应当计入当期投资收益。

对于因被投资单位破产、被撤销、注销、吊销营业执照或者被政府责令关闭等情况造成难以收回的未处置不良投资，报经批准认定后应当及时核销。

第二十五条 固定资产是指工会使用年限在一年以上，单位价值在规定标准以上，并在使用过程中基本保持原来物质形态的资产。包括房屋及建筑物、专用设备、一般设备、文物和陈列品、图书、其他固定资产。

（一）一般设备单位价值在500元以上，专用设备单位价值在800元以上，为固定资产。单位价值虽未达到规定标准，但是使用时间在一年以上的大批同类物资，按固定资产管理。

（二）固定资产在取得时应当按照其实际成本入账。

购入、有偿调入的固定资产，以实际支付的买价、运输费、保险费、安装费、装卸费及相关税费等记账。

自行建造的固定资产，以建造过程中实际发生的全部必要支出记账。

无偿调入、接受捐赠的固定资产，以其公允价值或者有关凭据注明的金额（加上相关费用）记账。

对固定资产进行改建、扩建，其净增值部分，应当计入固定资产价值。固定资产修理费用直接计入当期支出。

（三）处置（出售）固定资产时，冲减其账面余额并相应减少固定基金，处置中取得的变价收入扣除处置费用后的净收入（或损失）计入当期收入（或支出）。

（四）工会应当定期对固定资产进行清查盘点，每年至少全面盘点一次。对于盘盈、盘亏或报废、毁损的固定资产，应当及时查明原因，报经批准认定后及时进行处理。盘盈的固定资产按照其公允价值入账，并相应增加固定基金；盘亏的固定资产，冲减其账面余额并相应减少固定基金。报废、毁损的固定资产，冲减其账面余额并相应减少固定基金，清理中取得的变价收入扣除清理费用后的净收入（或损失）计入当期收入（或支出）。

第四章 负 债

第二十六条 负债是指工会承担的能以货币计量，需以资产偿付的债务。包括借入款、应付个人收入、应付款项等。

第二十七条 借入款指工会借入的款项。

第二十八条 应付个人收入包括应付工资（离退休费）、应付地方（部门）津贴补贴、应付其他个人收入。

（一）应付工资（离退休费）指应付未付给本单位职工的工资及离退休费。其中，工资指按国家统一规定发放给在职人员的职务工资、级别工资、年终一次性奖金以及经国务院或人事部、财政部批准设立的津贴补贴等。离退休费指按国家统一规定发放给离退休人员的离休、退休费及经国务院或人事部、财政部批准设立的津贴补贴。

（二）应付地方（部门）津贴补贴指应付未付给本单位职工的地方（部门）津贴补贴。其中，地方（部门）津贴补贴指各地区各部门各单位出台的津贴补贴。

（三）应付其他个人收入指应付未付给本单位职工的其他个人收入。其中，其他个人收入指按国家规定发给个人除上述以外的其他收入，包括误餐费、夜餐费，出差人员伙食补助费、市内交通费，出国人员伙食费、公杂费、个人国外零用费，发放给个人的一次性奖励等。

第二十九条 应付款项包括应付上级经费、应付下级经费、其他应付款。

（一）应付上级经费指本级工会按规定应上缴的工会经费及建会筹备金。

（二）应付下级经费指本级工会应付下级工会的各项补助以及应转拨下级工会的工会经费和建会筹备金。

（三）其他应付款指除应付上下级经费之外的其他应付及暂存款项。

第三十条 各项负债应当按照实际发生额入账。

第五章 净资产

第三十一条 净资产是指工会的资产减去负债后的余额。包括固定基金、在建工程占用资金、投资基金、专用基金、后备金、结余。

第三十二条 固定基金指工会固定资产占用的基金。固定基金应当按照实际发生额入账。

在建工程占用资金指工会在建工程完工前累计占用的资金。在建工程占用资金应当按照实际发生额记账，待工程完工后转入固定基金。

第三十三条 投资基金指工会对外投资占用的基金。投资基金应当按照实际发生数额入账。

第三十四条 专用基金指工会按规定依法提取和使用的有专门用途的基金。包括增收留成基金、财务专用基金、工会干部权益保障金。

提取专用基金时，按照实际提取金额计入当期支出；使用专用基金时，按照实际支出金额冲减专用基金余额；专用基金未使用的余额，可滚存下一年度使用。

第三十五条 后备金指县级以上工会按规定依法提取的特殊情况下使用的储备金。

提取后备金时，按照实际提取金额冲减结余；使用后备金时，按照实际支出金额冲减后备金余额；后备金未使用的余额，可滚存下一年度使用。

第三十六条 结余指工会各项收入与支出相抵后滚存的累计余额。

第六章 收 入

第三十七条 收入是指工会根据《工会法》以及有关政策规定开展业务活动所取得的非偿还性资金。收入按照来源分为会费收入、拨缴经费收入、上级补助收入、政府补助收入、行政补助收入、事业收入、投资收益、其他收入。

（一）会费收入指工会会员依照规定向工会组织缴纳的会费。

（二）拨缴经费收入指基层单位行政拨缴、下级工会按规定上缴及上级工会按规定转拨的工会经费中归属于本级工会的经费及建会筹备金。

（三）上级补助收入指本级工会收到的上级工会补助的款项。包括回拨补助、专项补助、超收补助、帮扶补助、送温暖补助、救灾补助、其他补助。

（四）政府补助收入指各级人民政府按照《工会法》和国家的有关规定给予工会的补助款项。

（五）行政补助收入指工会取得的所在单位行政方面按照《工会法》和国家的有关规定给予工会的补助款项。

（六）事业收入指独立核算的工会附属事业单位上缴的收入和非独立核算的附属事业单位的各项事业收入。

（七）投资收益指工会对外投资发生的损益。

（八）其他收入指工会除会费收入、拨缴经费收入、上级补助收入、政府补助收入、行政补助收入、事业收入、投资收益之外的各项收入。

第三十八条 各项收入应当按照实际发生额入账。

第七章 支 出

第三十九条 支出是指工会为开展各项工作和活动所发生的各项资金耗费及损失。支出按照功能分为职工活动支出、维权支出、业务支出、行政支出、资本性支出、补助下级支出、事业支出、其他支出。

（一）职工活动支出指工会为会员及其他职工开展教育、文体、宣传等活动发生的支出。

（二）维权支出指工会直接用于维护职工权益的支出。

（三）业务支出指工会培训工会干部、加强自身建设及开展业务工作发生的各项支出。

（四）行政支出指工会为行政管理、后勤保障等发生的各项日常支出。

（五）资本性支出指工会从事建设工程、设备工具购置、大型修缮和信息网络购建而发生的实际支出。

（六）补助下级支出指工会为解决下级工会经费不足或根据有关规定给予下级工会的各类补助款项。

（七）事业支出指工会对独立核算的附属事业单位的补助和非独立核算的附属事业单位的各项支出。

（八）其他支出指各级工会除职工活动支出、维权支出、业务支出、行政支出、资本性支出、补助下级支出、事业支出以外的各项支出。

第四十条 各项支出应当按照实际发生额入账。

第八章 会计报表

第四十一条 工会会计报表是反映各级工会财务状况、业务活动和预算执行结果的书面文件。工会会计报表是各级工会领导、上级工会及其他会计报表使用者了解情况，掌握政策，指导工作的重要资料。

第四十二条 工会会计报表主要包括资产负债表、收入支出表和附注。

（一）资产负债表，是反映工会某一会计期末全部资产、负债和净资产情况的报表。

（二）收入支出表，是反映工会某一会计期间全部收入、支出及结余情况的报表。

（三）附注。附注应分析说明工会预算执行情况以及工会在筹集、分配、使用、管理经费过程中的成绩和问题，分析影响预算执行的原因，经费收支变动趋势，提出改进措施、意见和建议。

第四十三条 工会会计报表分为年度会计报表和中期会计报表。以短于一个完整的会计年度的期间（如半年度、季度和月度）编制的会计报表称为中期会计报表。年度会计报表是以整个会计年度为基础编制的会计报表。

第四十四条 工会要负责对所属单位会计报表和下级工会报送的年报进

行审核、核批和汇总工作，定期向本级工会领导和上级工会报告本级工会预算执行情况。

第四十五条 会计报表要根据登记完整、核对无误的账簿记录和其他有关资料编制，做到数字准确、内容完整、报送及时。会计报表必须经会计主管人员和单位负责人审阅签章并加盖审查公章后上报。

第九章 附 则

第四十六条 工会填制会计凭证、登记会计账簿、管理会计档案等，应当按照《会计基础工作规范》、《会计档案管理办法》等规定执行。

第四十七条 本制度从2010年1月1日起实施。

工会会计制度
——会计科目和会计报表

第一部分 总说明

一、本制度统一规定工会会计科目的名称和编号，以便于编制会计凭证，登记账簿，查阅账目，实行会计电算化。本制度已规定的一级科目和明细科目，不得减并、自行增设，不得擅自更改科目名称，不需要的科目可以不用。

二、各省级工会可以根据需要自行增设未规定的明细科目，或将相应权限授权给所属下级工会。

三、工会在填制会计凭证、登记会计账簿时，应当填列会计科目的名称，或者同时填列会计科目的名称或编号，不得只填列科目编号，不填列科目名称。

四、工会应当根据本制度有关会计报表的编制基础、编制依据、编制原则和方法的要求，提供真实、完整的会计报表。工会不得违反规定，随意改变会计报表的编制基础、编制依据、编制原则和方法，不得随意改变本制度规定的会计报表有关数据的会计口径。

第二部分　会计科目名称和编号

序号	科目编码 一级科目	科目编码 明细科目	名称
一、资产类			
1	101		库存现金
2	102		银行存款
3	111		零余额账户用款额度
4	112		财政应返还额度
		11201	财政直接支付
		11202	财政授权支付
5	121		借出款
6	131		应收上级经费
		13101	应收上级补助
		13102	应收上级转拨经费
		13103	应收建会筹备金
7	132		应收下级经费
8	135		其他应收款
9	141		库存物品
10	151		投资
11	161		在建工程
12	162		固定资产
二、负债类			
13	201		应付工资（离退休费）
14	202		应付地方（部门）津贴补贴
15	203		应付其他个人收入
16	211		借入款
17	221		应付上级经费
18	222		应付下级经费
		22201	应付下级补助

续表

序号	科目编码		名称
	一级科目	明细科目	
		22202	应付下级转拨经费
		22203	应付建会筹备金
19	225		其他应付款
20	231		代管经费
三、净资产类			
21	301		固定基金
22	302		在建工程占用资金
23	311		投资基金
24	321		专用基金
		32101	增收留成基金
		32102	财务专用基金
		32103	权益保障金
25	322		后备金
26	331		结余
四、收入类			
27	401		会费收入
28	402		拨缴经费收入
29	403		上级补助收入
		40301	回拨补助
		40302	专项补助
		40303	超收补助
		40304	帮扶补助
		40305	送温暖补助
		40306	救灾补助
		40307	其他补助
30	404		政府补助收入
31	405		行政补助收入

续表

序号	科目编码		名称
	一级科目	明细科目	
32	406		事业收入
33	407		投资收益
34	408		其他收入
五、支出类			
35	501		职工活动支出
		50101	职工教育费
		50102	文体活动费
		50103	宣传活动费
		50104	其他活动支出
36	502		维权支出
		50201	劳动关系协调费
		50202	劳动保护费
		50203	法律援助费
		50204	困难职工帮扶费
		50205	送温暖费
		50206	其他维权支出
37	503		业务支出
		50301	培训费
		50302	会议费
		50303	外事费
		50304	专项业务费
		50305	其他业务支出
38	504		行政支出
		50401	工资福利支出
		50402	商品和服务支出
		50403	对个人和家庭的补助
		50404	其他行政支出

续表

序号	科目编码		名称
	一级科目	明细科目	
39	505		资本性支出
		50501	房屋建筑物购建
		50502	办公设备购置
		50503	专用设备购置
		50504	交通工具购置
		50505	大型修缮
		50506	信息网络购建
		50507	其他资本性支出
40	506		补助下级支出
		50601	回拨补助
		50602	专项补助
		50603	超收补助
		50604	帮扶补助
		50605	送温暖补助
		50606	救灾补助
		50607	其他补助
41	507		事业支出
42	508		其他支出

第三部分　会计科目使用说明

一、资产类科目

第 101 号科目　库存现金

一、本科目核算工会的库存现金。

二、各级工会应当严格按照国家有关现金管理的规定收支现金。

三、库存现金的主要账务处理如下：

（一）从银行提取现金，借记本科目，贷记“银行存款”科目；将现金存入银行，借记“银行存款”科目，贷记本科目。

（二）因支付内部职工出差等原因所需的现金，借记“其他应收款”科目，贷记本科目；收到出差人员交回的差旅费剩余款并结算时，按实际收回的现金，借记本科目，按应报销的金额，借记“行政支出”等有关科目，按实际借出的现金，贷记“其他应收款”科目。

（三）因其他业务收到现金，借记本科目，贷记有关科目；支出现金，借记有关科目，贷记本科目。

四、本科目应设置“现金日记账”，由出纳人员根据收付款凭证，按照业务发生顺序，逐笔登记，每日终了，应计算当日的现金收入合计数、支出合计数和结余数，并将结余数与实际库存数进行核对，做到账款相符。

五、有外币现金的工会，按照折算后的人民币金额记账，并设立辅助账登记外币现金的币种、外币金额、即期汇率、折算后的人民币金额及来源简要说明等。

六、每日终了结算现金收支、财产清查等发现的现金短缺或溢余，应当及时查明原因，并根据管理权限，报经批准后，在期末结账前处理完毕：

（一）如为现金短缺，属于应由责任人等赔偿的部分，借记“其他应收款”科目，贷记本科目；属于无法查明的其他原因的部分，借记“其他支出”科目，贷记本科目。

（二）如为现金溢余，属于应支付给有关人员或单位的部分，借记本科目，贷记“其他应付款”科目；属于无法查明的其他原因的部分，借记本科目，贷记“其他收入”科目。

七、本科目期末借方余额，反映工会实际持有的库存现金。

第102号科目　银行存款

一、本科目核算工会存入银行或其他金融机构的各种款项。包括活期存款、定期存款等。

二、工会可以根据实际情况在本科目下设置经费集中户等明细科目。设置经费集中户的工会，应当先在经费集中户中归集工会经费，再按规定将属于本级工会的经费转入本级工会基本户，属于上级或下级工会的经费上缴上级工会或转拨下级工会。

三、工会应当严格按照国家有关支付结算办法的规定，正确地办理银行存款收支结算。

四、银行存款的主要账务处理如下：

（一）将现金存入银行，借记本科目，贷记“库存现金”科目。从银行提取现金，借记“库存现金”科目，贷记本科目。

（二）通过银行转账方式取得工会经费，借记本科目，贷记“拨缴经费收入”、“应付上级经费”、“应付下级经费”科目。

通过银行转账方式取得相关收入，借记本科目，贷记“上级补助收入”、“政府补助收入”、“行政补助收入”、“事业收入”、“投资收益”等科目。

（三）通过银行转账方式支付各项支出，借记“职工活动支出”、“维权支出”、“业务支出”、“行政支出”、“资本性支出”、“补助下级支出”、“事业支出”等科目，贷记本科目。

（四）收到的银行存款利息，借记本科目，贷记“其他收入”科目。

五、各级工会应按开户银行、存款种类分别设置“银行存款日记账”，由出纳人员根据收付款凭证，按照业务的发生顺序逐笔登记，每日终了应结出余额。“银行存款日记账”应定期与银行对账，至少每月核对一次，如有差额，应编制“银行存款余额调节表”，调节相符。

六、本科目期末借方余额，反映工会实际存在银行或其他金融机构的款项。

第 111 号科目　零余额账户用款额度

一、本科目核算在实行财政国库管理制度改革试点的地区，工会根据财政部门批复的用款计划收到的、尚未动用的零余额账户用款额度。

二、零余额账户用款额度的主要账务处理如下：

（一）在财政授权支付方式下，收到代理银行转来的“授权支付到账通知书”时，根据通知书所列数额，借记本科目，贷记“政府补助收入”科目。实际发生支出时，借记“维权支出”、“行政支出”、“资本性支出”等科目，贷记本科目。

（二）从零余额账户提取现金时，借记“库存现金”科目，贷记本科目。

（三）年度终了，根据代理银行提供的对账单作注销额度的相关账务处理，借记“财政应返还额度—财政授权支付”科目，贷记本科目。如果工会本年度财政授权支付预算指标数大于零余额账户用款额度下达数，借记“财政应返还额度—财政授权支付”科目，贷记“政府补助收入”科目。

下年初，根据代理银行提供的额度恢复到账通知书作相关恢复额度的账务处理，借记本科目，贷记“财政应返还额度—财政授权支付”科目。如果下年度收到财政部门批复的上年末下达零余额账户用款额度，借记本科目，贷记“财政应返还额度—财政授权支付”科目。

三、本科目期末借方余额，反映工会尚未支用的零余额账户用款额度。本科目年末应无余额。

第112号科目　财政应返还额度

一、本科目核算实行国库集中支付的工会年终应收财政下年度返还的资金额度。

二、本科目应设置两个明细科目：11201 财政直接支付、11202 财政授权支付，进行明细核算。

三、财政应返还额度的主要账务处理如下：

（一）财政直接支付年终结余资金的账务处理

年度终了，根据本年度财政直接支付预算指标数与当年财政直接支付实际支出数的差额，借记本科目（财政直接支付），贷记“政府补助收入”科目。

下年度恢复财政直接支付额度后，发生实际支出时，借记“维权支出”、“行政支出”、“资本性支出”等科目，贷记本科目（财政直接支付）。

（二）财政授权支付年终结余资金的账务处理

年度终了，根据代理银行提供的对账单注销额度，具体账务处理参见“零余额账户用款额度”。下年度年初根据代理银行提供的额度恢复到账通知书恢复额度，具体账务处理参见“零余额账户用款额度”。

四、本科目期末借方余额，反映工会应收财政下年度返还的资金额度。

第121号科目　借出款

一、本科目核算工会因开展工作或发展工运事业的需要而出借给其他工会或工会所属单位的款项。

二、本科目应按借款单位设置明细账。

三、借出款的主要账务处理如下：

（一）借出款项时，借记本科目，贷记“银行存款”等科目。

（二）收回借款时，借记“银行存款”等科目，贷记本科目。

（三）逾期三年以上、因借款单位原因尚未收回的借出款，报经批准认定确实无法收回，或者报经批准认定不再要求借款单位还款的，转入相关支出科目，借记“补助下级支出”、“事业支出”等科目，贷记本科目。

四、各级工会应对借出款严格控制，健全手续，及时清理，不得长期挂账。

五、本科目期末借方余额，反映工会尚未收回的借出款项。

第 131 号科目　应收上级经费

一、本科目核算工会应收未收的上级工会应拨付（或转拨）工会经费、建会筹备金和补助。

二、工会可以根据需要在本科目下设置以下明细科目：

13101 应收上级补助：核算上级工会应拨付给本级工会的回拨、专项和超收等补助收入。

13102 应收上级转拨经费：核算上级工会采用税务代收、财政划拨的形式收缴工会经费的，收缴的金额中应划转给本级工会的部分。

13103 应收建会筹备金：核算上级工会采用税务代收、财政划拨的形式收缴建会筹备金的，收缴的金额中应划转给本级工会的部分。

三、应收上级经费的主要账务处理如下：

（一）根据上级工会回拨、专项和超收等补助通知中的相关金额，借记本科目（应收上级补助），贷记“上级补助收入”科目相关明细科目。

收到上级工会拨来的回拨、专项和超收等补助时，借记“银行存款”科目，贷记本科目（应收上级补助）。

（二）根据上级工会经费转拨通知中的相关金额，借记本科目（应收上级转拨经费），按规定属于本级工会的部分，贷记“拨缴经费收入”科目，按规定应转拨下级工会的部分，贷记“应付下级经费—应付下级转拨经费”科目。

收到上级工会转拨的工会经费时，借记“银行存款”科目，贷记本科目（应收上级转拨经费）。

（三）根据上级工会有关建会筹备金转拨通知中的金额，借记本科目（应收建会筹备金），按规定属于本级工会的部分，贷记“拨缴经费收入”，按规定应转拨下级工会或需返还给筹建单位工会的部分，贷记“应付下级经费—应付建会筹备金”等科目。

收到上级工会转拨的建会筹备金时，借记“银行存款”科目，贷记本科目（应收建会筹备金）。

四、本科目期末借方余额，反映工会应收未收的上级经费、建会筹备金和补助。

第 132 号科目　应收下级经费

一、本科目核算工会按规定应收下级工会的上缴工会经费和建会筹备金。

二、工会可以根据需要在本科目下设置应收经费、应收建会筹备金等明细科目。

三、应收下级经费的主要账务处理如下：

（一）根据下级工会经费收缴报告表中的相关金额，借记本科目，按规定属于本级工会的部分，贷记“拨缴经费收入”科目，按规定应上缴上级工会的部分，贷记“应付上级经费”科目。

（二）收到下级工会的上缴经费时，借记“银行存款”科目，贷记本科目。

四、本科目期末借方余额，反映年末应收未收的下级工会上缴经费。

第 135 号科目　其他应收款

一、本科目核算工会除应收上下级经费以外的其他应收及暂付款项。

二、本科目应按债务人设置明细账，进行明细核算。

三、其他应收款的主要账务处理如下：

（一）发生其他应收及暂付款项，借记本科目，贷记“库存现金”、“银行存款”等科目。

结算收回或核销转列支出时，按收回的金额，借记“库存现金”、“银行存款”等科目，按列入支出的金额，借记有关支出科目，按结算总额，贷记本科目。

（二）逾期三年以上、因债务人原因尚未收回的其他应收款，报经批准认定确实无法收回的，应作为呆账及时进行账务处理，借记“其他支出”科目，贷记本科目。

核销的呆账，应保留备查账簿中登记。

已核销呆账重新收回的，按照实际收到的款项，借记“银行存款”科目，贷记“其他收入”科目。

四、各级工会应对其他应收及暂付款项严格控制，健全手续，及时清理，不得长期挂账。

五、本科目期末借方余额，反映尚未收回的其他应收及暂付款项。

第 141 号科目　库存物品

一、本科目核算工会取得的将在日常活动中耗用的材料、物品及达不到固定资产标准的工具、器具等。

二、本科目应按库存物品的类别、品名设置明细账，并根据出入库单逐笔核算。

三、库存物品的主要账务处理如下：

（一）购入物品时，借记本科目，贷记“银行存款”等科目。

（二）领用物品时，借记“职工活动支出”、“维权支出”、“行政支出”等科目，贷记本科目。

四、库存物品每年至少盘点一次，盘盈、盘亏或报废、毁损应查明原因，按规定程序批准后及时处理。

（一）发生盘盈的，借记本科目，贷记“其他收入”科目。

（二）盘亏的库存物品，按照账面余额，借记“其他支出”科目，贷记本科目。

报废、毁损的库存物品，按照库存物品账面余额扣除可以收回的保险赔偿和过失人的赔偿等后的金额，借记“其他支出”科目，按库存物品账面余额，贷记本科目，按照可以收回的保险赔偿和过失人赔偿等，借记“库存现金”、“银行存款”、“其他应收款”等科目。

五、本科目期末借方余额，反映尚未使用的库存物品的实际价值。

第 151 号科目　投　资

一、本科目核算工会按照国家有关法律、行政法规和工会的相关规定，以货币资金、实物资产等方式向其他单位的投资。

二、本科目可按投资类别、投资单位等设置明细账，进行明细核算。

三、投资的主要账务处理如下：

（一）取得投资时：

1. 购入国债等债券，借记本科目，贷记“银行存款”等科目；同时，借记“结余”科目，贷记“投资基金”科目。

2. 以货币资金对外进行股权投资，借记本科目，贷记“银行存款”等科目；同时，借记“结余”科目，贷记“投资基金”科目。

3. 以固定资产对外进行股权投资，按固定资产的评估价等，借记本科目，贷记“投资基金”科目；同时，按投出固定资产的账面原值，借记“固定基金”科目，贷记“固定资产”科目。

4. 以库存物品对外进行股权投资，按库存物品的评估价等，借记本科目，按库存物品账面价值，贷记“库存物品”科目，按评估价等与账面价值的差额，借记或贷记“投资基金”科目；同时，按库存物品的账面价值，借记“结余”科目，贷记“投资基金”科目。

（二）实际收到利息、股利等投资收益时，借记“银行存款”等科目，贷记“投资收益”科目。

（三）投资收回时，按照实际收到的价款，借记“银行存款”科目，按照本科目的账面价值，贷记本科目，按照其差额，贷记或借记“投资收益”科目。同时借记“投资基金”科目，贷记“结余”科目。

（四）投资出现损失，报经批准认定确实无法收回的，借记“投资基金”科目，贷记本科目。

已经核销的投资呆账，保留备查账簿，对投资失误者要追查责任。

已经核销的投资呆账，重新收回的，借记“银行存款”等科目，贷记“其他收入”科目。收回实物的，需重新进行评估，按公允价值入账。

四、本科目期末借方余额，反映工会持有投资的金额。

第 161 号科目　在建工程

一、本科目核算工会进行在建工程所发生的实际支出。

二、本科目可按具体工程项目设置明细科目，进行明细核算。

三、在建工程的主要账务处理如下：

（一）预付工程款时，按照实际支付的金额，借记本科目，贷记“在建工程占用资金”科目，同时借记“资本性支出”科目，贷记“银行存款”科目。

（二）工程完工时，借记“固定资产”科目，贷记本科目，同时借记“在建工程占用资金”科目，贷记“固定基金”科目。

四、本科目的期末借方余额，反映工会尚未完工的各项在建工程发生的实际支出。

第 162 号科目　固定资产

一、本科目核算工会拥有或控制的各项固定资产原值。

二、工会应设置固定资产明细账，按类别、品名进行明细核算。

三、固定资产的主要账务处理如下：

（一）购入、有偿调入固定资产，借记“资本性支出”等科目，贷记

“银行存款”等科目，同时借记本科目，贷记“固定基金”科目。

（二）自行建造固定资产，发生基建支出时，借记“在建工程”科目，贷记“在建工程占用资金”科目，同时借记“资本性支出”科目，贷记“银行存款”科目。工程完工时，借记本科目，贷记“在建工程”科目，同时借记“在建工程占用资金”科目，贷记“固定基金”科目。

（三）无偿调入、接受捐赠固定资产，借记本科目，贷记“固定基金”科目。

（四）以固定资产对外进行股权投资，按固定资产的评估价等，借记“投资”科目，贷记“投资基金”科目；同时，按投出固定资产的账面原值，借记“固定基金”科目，贷记本科目。

（五）出售固定资产，按账面原值，借记“固定基金”科目，贷记本科目，取得的收入扣减相关支出后的净额，借记“银行存款”等科目，贷记“其他收入”科目。

四、固定资产每年必须盘点一次，对盘盈、盘亏、报废或毁损的，资产监督管理部门应当查明原因，写出书面报告，按规定报经批准认定后及时进行账务处理，同时将有关情况在会计报表说明中加以披露。

（一）盘盈的固定资产，借记本科目，贷记“固定基金”科目。

（二）盘亏的固定资产，按账面原值，借记“固定基金”科目，贷记本科目。

（三）毁损、报废的固定资产，按账面原值，借记“固定基金”科目，贷记本科目。同时，按清理过程中取得的收入，借记“库存现金”、“银行存款”等科目，按清理过程中发生的支出，贷记“库存现金”、“银行存款”等科目，按清理净收入（或净支出），贷记“其他收入”科目或借记“其他支出”科目。

五、工会可以设置专门的辅助账记录各项固定资产的原值、购入时间、预计使用年限、应计提折旧（一般采用直线法计提折旧）、固定资产净值等。

六、本科目期末借方余额，反映固定资产的原值。

二、负债类科目

第 201 号科目　应付工资（离退休费）

一、本科目核算向本单位职工发放的工资或离退休费。

二、工会可以根据需要在本科目下设置在职人员、离休人员、退休人员等明细科目。

三、应付工资（离退休费）的主要账务处理如下：

实际发放工资（离退休费）时，借记“行政支出”等科目，贷记本科目；同时，借记本科目，贷记“银行存款”、“零余额账户用款额度”等科目。

四、本科目期末贷方一般无余额。

第202号科目　应付地方（部门）津贴补贴

一、本科目核算向本单位职工发放的各类地方（部门）津贴补贴。

二、工会可以根据需要在本科目下设置在职人员、离休人员、退休人员等明细科目。

三、应付地方（部门）津贴补贴的主要账务处理如下：

实际发放地方（部门）津贴补贴时，借记“行政支出”等科目，贷记本科目；同时，借记本科目，贷记“银行存款”、“零余额账户用款额度”等科目。

四、本科目期末贷方一般无余额。

第203号科目　应付其他个人收入

一、本科目核算向本单位职工发放除“201应付工资（离退休费）”和“202应付地方（部门）津贴补贴”以外的其他个人收入。

二、工会可以根据需要在本科目下设置在职人员、离休人员、退休人员等明细科目。

三、应付其他个人收入的主要账务处理如下：

实际发放其他个人收入时，借记“行政支出”等科目，贷记本科目；同时，借记本科目，贷记“银行存款”、“零余额账户用款额度”等科目。

四、本科目期末贷方一般无余额。

第211号科目　借入款

一、本科目核算工会借入的款项。

二、借入款的主要账务处理如下：

（一）发生借入款时，借记“银行存款”科目，贷记本科目。

（二）归还借款时，借记本科目，贷记“银行存款”等科目。

三、本科目期末贷方余额，反映工会尚未偿还的借入款项。

第221号科目　应付上级经费

一、本科目核算工会按规定应上缴的工会经费及建会筹备金。

二、工会可以根据需要在本科目下设置应上缴经费、应上缴建会筹备金等明细科目。

三、应付上级经费的主要账务处理如下：

（一）应上缴经费的处理

收到工会经费，按下级工会经费收缴报告表中的相关金额或实际收到的总金额，借记“应收下级经费”、“银行存款”等科目，按规定属于本级工会的部分，贷记“拨缴经费收入”科目，按规定应上缴上级工会的部分，贷记本科目，按规定应转拨下级工会的部分，贷记“应付下级经费—应付下级转拨经费”科目。

实际上缴工会经费时，借记本科目，贷记“银行存款”科目。

（二）应上缴建会筹备金的处理

收到建会筹备金，按实际收到的总金额，借记“银行存款”科目，按规定属于本级工会的部分，贷记“拨缴经费收入”科目，按规定应上缴上级工会的部分，贷记本科目，按规定应转拨下级工会或需返还筹建单位工会的部分，贷记“应付下级经费—应付建会筹备金”科目。

实际上缴上级工会的经费，借记本科目，贷记“银行存款”科目。

四、本科目期末贷方余额，反映工会应缴上级但尚未上缴的经费。

第222号科目　应付下级经费

一、本科目核算工会应付下级工会的各项补助以及应转拨下级工会的工会经费和建会筹备金。

二、工会可以根据需要在本科目下设置以下明细科目：

22201应付下级补助：核算工会应拨付给下级工会的回拨、专项和超收等各项补助。

22202应付下级转拨经费：核算工会采用税务代收、财政划拨的形式收缴工会经费的，收缴的金额中应划转给下级工会作为下级工会拨缴经费收入的部分。

22203应付建会筹备金：核算工会采用税务代收、财政划拨的形式收缴建会筹备金的，收缴的金额中应划转给下级工会作为下级工会拨缴经费收入的部分和需返还给筹建单位工会的部分。

三、应付下级经费的主要账务处理如下：

（一）本级工会年末清算对下级工会的补助时，根据补助通知中的相关金额，借记“补助下级支出”科目，贷记本科目（应付下级补助）。

次年，实际拨付补助时，借记本科目（应付下级补助），贷记“银行存款”科目。

（二）采用税务代收、财政划拨方式收缴工会经费的：

1. 本级工会通过税务部门代收、财政部门划拨的工会经费，按实际收到的总金额，借记“银行存款”科目，按规定属于本级工会的部分，贷记“拨缴经费收入”科目，按规定应上缴上级工会的部分，贷记“应付上级经费”科目，按规定应转拨下级工会的部分，贷记本科目（应付下级转拨经费）。

实际转拨下级工会经费，借记本科目，贷记“银行存款”科目。

2. 本级工会收到上级工会通过财政部门划拨、税务部门代收的工会经费，按上级工会经费转拨通知中的金额或实际收到的总金额，借记“应收上级经费—应收上级转拨经费”、“银行存款”科目，按规定属于本级工会的部分，贷记“拨缴经费收入”科目，按规定应转拨下级工会的部分，贷记本科目（应付下级转拨经费）。

实际转拨下级工会的经费，借记本科目，贷记“银行存款”科目。

（三）采用税务代收、财政划拨方式收取建会筹备金的：

1. 本级工会通过税务部门代收、财政部门划拨的建会筹备金，按实际收到的总金额，借记“银行存款”科目，按规定属于本级工会的部分，贷记“拨缴经费收入”科目，按规定应上缴上级工会的部分，贷记“应付上级经费”科目，按规定应转拨下级工会或需返还给筹建单位工会的部分，贷记本科目（应付建会筹备金）。

2. 本级工会收到上级工会通过财政部门划拨、税务部门代收的建会筹备金，按上级工会有关建会筹备金转拨通知中的金额或实际收到的总金额，借记“应收上级经费—应收建会筹备金”、“银行存款”科目，按规定属于本级工会的部分，贷记“拨缴经费收入”科目，按规定应转拨下级工会或需返还给筹建单位工会的部分，贷记本科目（应付建会筹备金）。

3. 对于需要返还基层单位工会的建会筹备金，借记本科目，贷记“银行存款”科目。

4. 对于不需返还基层单位的建会筹备金，借记本科目，按规定属于本级工会的部分，贷记“拨缴经费收入”科目，规定应上缴上级工会的部分，贷记“应付上级经费”科目。

四、本科目期末贷方余额，反映应拨付下级但尚未拨付的经费。

第 225 号科目　其他应付款

一、本科目核算工会除应付上下级经费之外的其他应付及暂存款项。

二、本科目应按对方单位或个人设置明细账，进行明细核算。

三、其他应付款的主要账务处理如下：

发生其他应付及暂存款项，借记“库存现金”、“银行存款”等科目，贷记本科目。支付款项时，借记本科目，贷记“银行存款”等科目。

四、本科目期末贷方余额，反映尚未支付的其他应付及暂存款项。

第 231 号科目　代管经费

一、本科目核算党团组织及单位行政委托工会代管的、有指定用途的、不属于工会收入的经费，如代管的党费、团费、职工互助金等。

二、本科目应按拨入代管经费的项目或单位设置明细账。

三、收到代管的经费时，借记“银行存款”科目，贷记本科目，实际支出时，借记本科目，贷记“银行存款”科目。

四、本科目期末贷方余额，反映尚未使用的代管经费。

三、净资产类科目

第 301 号科目　固定基金

一、本科目核算工会购入、调入、建造、盘盈、接受捐赠固定资产所形成的基金，以及拆除、盘亏、毁损、捐出固定资产等原因减少的固定基金。

二、固定基金的主要账务处理如下：

（一）固定基金增加：

1. 购入、有偿调入固定资产，借记“固定资产”科目，贷记本科目，同时借记“资本性支出”等科目，贷记“银行存款”等科目。

2. 自行建造固定资产，发生基建支出时，借记“在建工程”科目，贷记“在建工程占用资金”科目，同时借记“资本性支出”科目，贷记“银行存款”科目。工程完工时，借记“固定资产”科目，贷记“在建工程”科目，同时借记“在建工程占用资金”科目，贷记本科目。

3. 无偿调入、接受捐赠固定资产，借记“固定资产”科目，贷记本科目。

4. 盘盈的固定资产，借记“固定资产”科目，贷记本科目。

（二）固定基金减少：

1. 有偿调出、出售的固定资产，按账面原值，借记本科目，贷记“固定资产”科目；取得的收入扣减相关支出后的净额，借记“银行存款”等科目，贷记“其他收入”科目。

2. 毁损、报废的固定资产，按账面原值，借记本科目，贷记“固定资产”科目。同时，按清理过程中取得的收入，借记“库存现金”、“银行存款”等科目，按清理过程中发生的支出，贷记“库存现金”、“银行存款”等科目，按清理净收入（或净支出），贷记“其他收入”科目或借记“其他支出”科目。

3. 以固定资产对外进行股权投资，按固定资产的评估价等，借记“投资”科目，贷记“投资基金”科目；同时，按投出固定资产的账面原值，借记本科目，贷记“固定资产”科目。

4. 盘亏的固定资产，按账面原值，借记本科目，贷记“固定资产”科目。

三、本科目期末贷方余额，反映工会拥有的固定基金总值。

第 302 号科目　在建工程占用资金

一、本科目核算工会在建工程完工前累计占用的资金。

二、本科目可按具体工程项目设置明细科目，进行明细核算。

三、在建工程占用资金的主要账务处理如下：

（一）预付工程款时，按照实际支付的金额，借记“资本性支出”科目，贷记“银行存款”科目，同时借记“在建工程”科目，贷记本科目。

（二）工程完工时，借记“固定资产”科目，贷记“在建工程”科目，同时借记本科目，贷记“固定基金”科目。

四、本科目的期末借方余额，反映工会尚未完工的各项在建工程发生的累计实际支出。

第 311 号科目　投资基金

一、本科目核算工会对外投资占用的基金。

二、投资基金的主要账务处理如下：

（一）投资基金增加

1. 购入国债等债券，借记“投资”科目，贷记“银行存款”等科目；同时，借记“结余”科目，贷记本科目。

2. 以货币资金对外进行股权投资，借记“投资”科目，贷记“银行存款”等科目；同时，借记“结余”科目，贷记本科目。

3. 以库存物品对外进行股权投资。对外投出库存物品，按库存物品的评估价等，借记“投资”科目，按库存物品账面价值，贷记“库存物品”科目，按评估价与账面价值的差额，借记或贷记本科目；同时，按库存物品的账面价值，借记“结余”科目，贷记本科目。

4. 以固定资产对外进行股权投资，按固定资产的评估价等，借记“投资”科目，贷记本科目；同时，按投出固定资产的账面原值，借记“固定基金”科目，贷记“固定资产”科目。

（二）投资基金减少

1. 投资出现损失，经确认无法收回的部分，按照工会呆账处理的有关规定进行账务核销，借记本科目，贷记“投资”科目。

已经核销的投资呆账，保留备查账簿，对投资失误者要追查责任。已经核销的投资呆账，重新收回的，借记“银行存款”科目，贷记“其他收入”科目。收回实物的，按公允价值入账。

2. 投资收回时，按照实际收到的价款，借记“银行存款”科目，按照本科目的账面价值，贷记“投资”科目，同时借记本科目，贷记“结余”科目，按照其差额，贷记或借记“投资收益”科目。

三、本科目的贷方余额，核算工会尚未收回的投资款项。

第 321 号科目　专用基金

一、本科目核算根据国家和全国总工会有关规定，依法提取和使用的有专门用途的基金。

二、本科目应按专用基金种类设置以下明细科目：

32101 增收留成基金：核算提取的增收留成基金。

32102 财务专用基金：核算提取的财务专用基金。

32103 权益保障金：核算提取的工会干部权益保障金。

三、专用基金的主要账务处理如下：

（一）提取增收留成基金时，借记“其他支出”科目，贷记本科目（增收留成基金）。实际支出时，借记本科目（增收留成基金），贷记“银行存款”等科目。

（二）提取财务专用基金时，借记“其他支出”科目，贷记本科目（财务专用基金）。实际支出时，借记本科目（财务专用基金），贷记“银行存款”等科目。

（三）县级以上工会提取工会干部权益保障金时，借记“维权支出”科目，贷记本科目（权益保障金）。

接受社会募集、捐款增加工会干部权益保障金时，借记“库存现金”、“银行存款”等科目，贷记本科目（权益保障金）。

实际发放工会干部权益保障金时，借记本科目（权益保障金），贷记“库存现金”、“银行存款”等科目。

四、本科目期末贷方余额，反映工会专用基金的数额。

第322号科目　后备金

一、本科目核算县级以上工会按规定依法提取的特殊情况下使用的储备金。

二、后备金的主要账务处理如下：

（一）提取后备金时，借记“结余”科目，贷记本科目。

（二）按有关规定经批准动用后备金时，按实际支付的金额，借记本科目，贷记“银行存款”等科目。

三、本科目期末贷方余额，反映工会尚未动用的后备金数额。

第331号科目　结　余

一、本科目核算工会各项收入与支出相抵后的余额。

二、结余的主要账务处理如下：

（一）发生对外投资时，借记“投资”科目，贷记有关科目，同时，借记本科目，贷记“投资基金”科目。收回投资时，按照投资的账面价值，借记“投资基金”科目，贷记本科目。

（二）期末结账时，将各收入类科目的余额转入本科目，借记“会费收入”、“拨缴经费收入”、“上级补助收入”、“政府补助收入”、“行政补助收入”、“事业收入”、“投资收益”、“其他收入”等科目，贷记本科目。

将各支出类科目的余额转入本科目，借记本科目，贷记“职工活动支出”、“维权支出”、“业务支出”、“行政支出”、“资本性支出”、“补助下级支出”、“事业支出”、“其他支出”等科目。

（三）提取后备金时，借记本科目，贷记“后备金”科目。

三、本科目期末贷方余额，反映工会历年滚存的结余。

四、收入类科目

第401号科目　会费收入

一、本科目核算工会会员依照规定向工会组织缴纳的会费。

二、会费收入的主要账务处理如下：

（一）取得会费时，借记“库存现金”、“银行存款”等科目，贷记本科目。

（二）期末结转时，借记本科目，贷记“结余”科目。

三、本科目期末结转后无余额。

第402号科目　拨缴经费收入

一、本科目核算基层单位行政拨缴、下级工会按规定上缴及上级工会按规定转拨的工会经费中归属于本级工会的经费及建会筹备金。

二、工会可以根据需要在本科目下设置明细科目，进行明细核算。

三、拨缴经费收入的主要账务处理如下：

（一）工会经费的处理

1. 采用自主收缴工会经费的：

收到工会经费，按下级工会经费收缴报告表中的相关金额或实际收到的总金额，借记“应收下级经费”、“银行存款”科目，按规定属于本级工会的部分，贷记本科目，按规定应上缴上级工会的部分，贷记“应付上级经费”科目。

2. 采用税务代收、财政划拨方式收取工会经费的：

（1）本级工会通过税务部门代收、财政部门划拨的工会经费，按实际收到的总金额，借记“银行存款”科目，按规定属于本级工会的部分，贷记本科目，按规定应上缴上级工会的部分，贷记“应付上级经费”科目，按规定应转拨下级工会的部分，贷记“应付下级经费—应付下级转拨经费”科目。

（2）本级工会收到上级工会转拨通过财政部门划拨、税务部门代收的工会经费，按上级工会经费转拨通知中的金额或实际收到的总金额，借记“应收上级经费—应收上级转拨经费”、“银行存款”科目，按规定属于本级工会的部分，贷记本科目，按规定属于下级工会的部分，贷记“应付下级经费—应付下级转拨经费”科目。

（二）建会筹备金的处理

1. 采用自主收缴方式收取建会筹备金的：

本级工会收到建会筹备金，按实际收到的总金额，借记“银行存款”科目，按规定属于本级工会的部分，贷记本科目，按规定应上缴上级工会的部分，贷记“应付上级经费”科目，需返还给筹建单位工会的部分，贷记“应付下级经费—应付建会筹备金”科目。

2. 采用税务代收、财政划拨方式收取建会筹备金的：

（1）本级工会通过税务部门代收、财政部门划拨的建会筹备金，按实际收到的总金额，借记“银行存款”科目，按规定属于本级工会的部分，贷记本科目，按规定应上缴上级工会的部分，贷记“应付上级经费”科目，按规定应转拨下级工会或需返还给筹建单位工会的部分，贷记“应付下级经费—应付建会筹备金”科目。

（2）本级工会收到上级工会转拨通过财政部门划拨、税务部门代收的建会筹备金，按上级工会有关建会筹备金转拨通知中的金额或实际收到的总金额，借记“应收上级经费—应收建会筹备金”、“银行存款”科目，按规定属于本级工会的部分，贷记本科目，按规定属于下级工会或需返还给筹建单位工会的部分，贷记“应付下级经费—应付建会筹备金”科目。

3. （1）筹建单位在期限内建立工会，本级工会返还建会筹备金的，按实际返还的金额，借记“应付下级经费—应付建会筹备金”科目，贷记“银行存款”科目。

（2）筹建单位到期未建立工会，本级工会不需返还的建会筹备金，借记“应付下级经费—应付建会筹备金”科目，按规定属于本级工会的部分，贷记本科目，按规定应上缴上级工会的部分，贷记“应付上级经费”科目。

4. 筹建单位按期建立工会，所建工会收到返还的建会筹备金，借记“银行存款”科目，贷记本科目。

（三）期末结转时，借记本科目，贷记“结余”科目。

四、本科目期末结转后无余额。

第 403 号科目　上级补助收入

一、本科目核算本级工会收到的上级工会补助的款项。

二、本科目应设置以下明细科目：

40301 回拨补助：核算上级工会按有关规定拨付的回拨补助。

40302 专项补助：核算上级工会拨付的指定专门用途的项目补助。

40303 超收补助：核算上级工会按有关超收增缴经费管理规定，拨付的超收补助。

40304 帮扶补助：核算上级工会拨付的帮扶困难职工的补助。

40305 送温暖补助：核算上级工会拨付的用于开展向困难职工和家庭送温暖活动的补助。

40306 救灾补助：核算上级工会拨付的用于慰问在自然灾害中经济财产遭受损失、生活遇到困难的职工和家庭的补助。

40307 其他补助：核算上级工会拨付的除上述明细科目所述内容以外的其他补助。

三、上级补助收入的主要账务处理如下：

（一）按银行收款单或上级工会的补助通知书，借记“银行存款”、“应收上级经费—应收上级补助”科目，贷记本科目相关明细科目。

（二）年末清算时，存在上级应付未付补助款项的，借记“应收上级经费—应收上级补助”科目，贷记本科目相关明细科目。

（三）期末结转时，借记本科目，贷记“结余”科目。

四、本科目的余额要与上级工会的补助下级支出科目金额核对一致。

五、本科目期末结转后无余额。

第 404 号科目　政府补助收入

一、本科目核算各级人民政府按照《工会法》和国家的有关规定给予工会的补助款项。包括工会收到财政拨付的离退休人员离退休费和生活补贴、帮扶资金、送温暖经费、疗养事业补助、劳模补助、基建、维修及大型活动补助等。

二、工会可以根据需要在本科目下设置明细科目，进行明细核算。

三、政府补助收入的主要账务处理如下：

（一）在实行国库集中支付的地区

1. 收到财政直接支付的政府补助，根据财政国库支付执行机构委托代理银行转来的《财政直接支付入账通知书》及原始凭证入账，借记有关支出科目，贷记本科目。

2. 收到财政授权支付的政府补助，根据代理银行盖章的《授权支付到账通知书》与分月用款计划核对后记账，借记“零余额账户用款额度”科目，贷记本科目。

（二）未实行国库集中支付的地区，收到财政补助时，借记“银行存款”等科目，贷记本科目。

（三）期末结转时，借记本科目，贷记“结余”科目。

四、本科目期末结转后无余额。

第 405 号科目　行政补助收入

一、本科目核算工会取得的所在单位行政方面按照《工会法》和国家的有关规定给予工会的补助款项。包括工会收到行政拨付的劳动竞赛经费、工会开展活动的费用补助等。不包括行政方面按规定向工会拨缴的工会经费。

二、行政补助收入的主要账务处理如下：

（一）收到行政补助时，借记“银行存款”等科目，贷记本科目。

（二）期末结转时，借记本科目，贷记“结余”科目。

三、本科目期末结转后无余额。

第 406 号科目　事业收入

一、本科目核算独立核算的工会附属事业单位上缴的收入和非独立核算的附属事业单位的各项事业收入。

二、本科目应按缴款项目或缴款单位名称设明细账。

三、事业收入的主要账务处理如下：

（一）收到相关收入时，借记“银行存款”等科目，贷记本科目。

（二）期末结转时，借记本科目，贷记“结余”科目。

四、本科目期末结转后无余额。

第 407 号科目　投资收益

一、本科目核算工会对外投资发生的损益。

二、投资收益的主要账务处理如下：

（一）收到投资收益时，借记“银行存款”科目，贷记本科目。

（二）投资收回时，按照实际收到的价款，借记“银行存款”科目，按照本科目的账面价值，贷记“投资”科目，按照其差额，贷记或借记“投资收益”科目。同时借记“投资基金”科目，贷记“结余”科目。

三、本科目期末结转后无余额。

第 408 号科目　其他收入

一、本科目核算除上述收入以外的各项收入。如资产盘盈、固定资产处置净收入、接受捐赠收入、银行存款利息收入等。

二、其他收入的主要账务处理如下：

（一）取得其他收入时

1. 取得银行存款利息收入，借记“银行存款”等科目，贷记本科目。

2. 接受捐赠，借记“银行存款”等科目，贷记本科目。

3. 盘盈的库存物品，借记“库存物品”科目，贷记本科目。

4. 有偿调出、出售的固定资产，按账面原值，借记“固定基金”科目，贷记“固定资产”科目，取得的收入扣减相关支出后的净额，借记“银行存款”等科目，贷记本科目。毁损、报废的固定资产，按账面原值，借记“固定基金”科目，贷记“固定资产”科目；清理过程中发生的净收入，借记“库存现金”、“银行存款”等科目，贷记本科目；清理过程中发生的净支出，借记“其他支出”科目，贷记“库存现金”、“银行存款”等科目。

（二）期末结转时，借记本科目，贷记“结余”科目。

三、本科目期末结转后无余额。

五、支出类科目

第501号科目　职工活动支出

一、本科目核算工会为会员及其他职工开展教育、文体、宣传等活动发生的支出。基层工会组织会员开展集体活动及会员特殊困难补助的费用，列入本科目核算。

二、本科目应设置以下明细科目：

50101 职工教育费：核算工会开展职工教育活动的各项支出。

50102 文体活动费：核算工会开展职工业余文体活动的各项支出。

50103 宣传活动费：核算工会开展职工宣传活动方面的各项支出。

50104 其他活动支出：核算基层工会支付的会员特殊困难补助的费用以及工会开展其他活动的各项支出。

三、职工活动支出的主要账务处理如下：

（一）发生职工活动支出时，借记本科目，贷记“库存现金”、“银行存款”等科目。

（二）期末结转时，借记“结余”科目，贷记本科目。

四、本科目期末结转后无余额。

第502号科目　维权支出

一、本科目核算工会直接用于维护职工权益的支出。

二、本科目应设置以下明细科目：

50201 劳动关系协调费：核算工会在协调劳动关系争议中发生的支出。

50202 劳动保护费：核算工会开展职工劳动保护发生的支出。

50203 法律援助费：核算工会向职工群众提供法律咨询、法律服务等发生的支出。

50204 困难职工帮扶费：核算工会对困难职工帮扶发生的支出。

50205 送温暖费：核算工会向职工送温暖发生的支出。

50206 其他维权支出：核算以上各项维权活动之外的维权支出，如参与立法费等。

三、维权支出的主要账务处理如下：

（一）发生维权、帮扶支出时，借记本科目，贷记“库存现金”、“银行存款”等科目。

（二）县级以上工会提取工会干部权益保障金时，借记本科目，贷记“专用基金—权益保障金”科目。

（三）期末结转时，借记“结余”科目，贷记本科目。

四、本科目期末结转后无余额。

第 503 号科目　业务支出

一、本科目核算工会培训工会干部、加强自身建设及开展业务工作发生的各项支出。

二、本科目应设置以下明细科目：

50301 培训费：核算工会干部、积极分子培训等支出。

50302 会议费：核算工会代表大会、委员会、经审会以及工会专业工作会议的各项支出。

50303 外事费：核算工会开展外事活动方面的费用。

50304 专项业务费：核算工会开展工会组织建设、考核表彰、建家活动、大型专题调研、经审专用经费等专项业务发生的支出。

50305 其他业务支出：不属于以上业务开支的其他费用。

三、业务支出主要账务处理如下：

（一）发生业务支出时，借记本科目，贷记“库存现金”、“银行存款”等科目。

（二）期末结转时，借记“结余”科目，贷记本科目。

四、本科目期末结转后无余额。

第504号科目　行政支出

一、本科目核算工会为行政管理、后勤保障等发生的各项日常支出。

二、本科目应设置以下明细科目：

50401 工资福利支出：核算工会开支的专职工作人员和聘用人员的各类劳动报酬，以及为上述人员缴纳的各项社会保险费等。包括：基本工资、津贴补贴、奖金、社会保障缴费、伙食补助费等。

50402 商品和服务支出：核算工会购买商品和服务的支出（不包括用于购置固定资产的支出）。包括：办公费、印刷费、咨询费、手续费、水费、电费、邮电费、物业管理费、交通费（燃料费、保险费、修理费、其他交通费）、差旅费（住宿费、旅费、伙食补助费、杂费）、维修（护）费、租赁费、招待费（餐费、其他招待费）、专用材料费、劳务费、委托业务费、工会经费、福利费等。

50403 对个人和家庭的补助：核算工会用于对个人和家庭的补助支出。包括：离休费、退休费、退职费、抚恤金、生活补助、医疗费、住房公积金、提租补贴、购房补贴等。

50404 其他行政支出：核算不能划分到上述经济科目的其他支出。

三、行政支出的主要账务处理如下：

（一）支出人员经费时，借记本科目，贷记“应付工资（离退休费）”、“应付地方（部门）津贴补贴”、“应付其他个人收入”等科目；同时，借记“应付工资（离退休费）”、“应付地方（部门）津贴补贴”、“应付其他个人收入”等科目，贷记“银行存款”、“零余额账户用款额度”等科目。

（二）支出公用经费时，借记本科目，贷记“库存现金”、“银行存款”等科目。

（三）期末结转时，借记“结余”科目，贷记本科目。

四、本科目期末结转后无余额。

第505号科目　资本性支出

一、本科目核算工会从事建设工程、设备工具购置、大型修缮和信息网络购建而发生的实际支出。

二、本科目应设置以下明细科目：

50501 房屋建筑物购建：核算工会用于购买、自行建造办公用房、仓库、食堂等建筑物（含附属设施，如电梯、通讯线路、电缆、水气管道等）的支出。

50502 办公设备购置：核算工会购置纳入固定资产核算范围的办公家具和办公设备的支出。

50503 专用设备购置：核算工会购置具有专门用途、纳入固定资产核算范围的各类专用设备的支出。

50504 交通工具购置：核算工会用于购置各类交通工具的支出（含车辆购置税）。

50505 大型修缮：核算工会各类设备、建筑物等的大型修缮支出。

50506 信息网络购建：核算工会用于信息网络方面的支出。如计算机硬件、软件购置、开发、应用支出等。购建的计算机硬件、软件等不符合固定资产确认标准的，不在此科目核算。

50507 其他资本性支出：核算工会其他上述科目中未包括的资本性支出。

三、资本性支出的主要账务处理如下：

（一）购置房屋建筑物等，借记本科目，贷记“银行存款”科目，同时借记“固定资产”科目，贷记“固定基金”科目。

（二）自行建造房屋建筑物、大型修缮等，发生基建支出时，借记“在建工程”科目，贷记“在建工程占用资金”科目，同时借记本科目，贷记“银行存款”科目。工程完工时，借记“固定资产”科目，贷记“在建工程”科目，同时借记“在建工程占用资金”科目，贷记“固定基金”科目。

（三）期末结转时，借记“结余”科目，贷记本科目。

四、本科目期末结转后无余额。

第 506 号科目　补助下级支出

一、本科目核算工会为解决下级工会经费不足或根据有关规定给予下级工会的各类补助款项。

二、本科目应设置以下明细科目：

50601 回拨补助：核算工会按有关规定给下级工会的回拨经费补助。

50602 专项补助：核算工会对下级工会指定项目的补助。

50603 超收补助：核算工会按有关超收增缴的规定对下级工会的超收补助。

50604 帮扶补助：核算工会按有关规定对下级工会的困难职工帮扶补助。

50605 送温暖补助：核算工会拨付下级工会用于开展送温暖活动的补助。

50606 救灾补助：核算工会拨付下级工会用于慰问在自然灾害中经济财产遭受损失、生活遇到困难的职工和家庭的补助。

50607 其他补助：核算工会拨付下级工会的除上述明细科目所述内容以外的其他补助。

三、补助下级支出的主要账务处理如下：

（一）发生补助下级支出时，借记本科目相关明细科目，贷记“银行存款”等科目。

（二）期末结转时，借记“结余”科目，贷记本科目。

四、本科目期末结转后无余额。

第 507 号科目　事业支出

一、本科目核算工会对独立核算的附属事业单位的补助和非独立核算的附属事业单位的各项支出。

二、本科目应按单位或部门设置明细账。

三、事业支出的主要账务处理如下：

（一）发生相关支出时，借记本科目，贷记“银行存款”等科目。

（二）期末结转时，借记“结余”科目，贷记本科目。

四、本科目期末结转后无余额。

第 508 号科目　其他支出

一、本科目核算各级工会以上支出项目以外的各项支出。如资产盘亏、固定资产处置净损失、捐赠支出以及按规定计提有关专用基金等。

二、其他支出的主要账务处理如下：

（一）发生其他支出时

1. 盘亏的库存物品，按照账面余额，借记本科目，贷记“库存物品”科目。

报废、毁损的库存物品，按照库存物品账面余额扣除可以收回的保险赔偿和过失人的赔偿等后的金额，借记本科目，按库存物品账面余额，贷记“库存物品”科目，按照可以收回的保险赔偿和过失人赔偿等，借记“库存现金”、“银行存款”、“其他应收款”等科目。

2. 毁损、报废的固定资产，按账面原值，借记“固定基金”科目，贷记“固定资产”科目。同时，按清理过程中取得的收入，借记“库存现金”、

“银行存款”等科目，按清理过程中发生的支出，贷记“库存现金”、“银行存款”等科目，按清理净收入（或净支出），贷记“其他收入”科目或借记本科目。

3. 对外捐赠支出，借记本科目，贷记“库存现金”、“银行存款”等科目。

4. 提取增收留成基金、财务专用基金时，借记本科目，贷记“专用基金—增收留成基金、财务专用基金”科目。

（二）期末结转时，借记“结余”科目，贷记本科目。

三、本科目期末结转后无余额。

第四部分　会计报表格式

编号	会计报表名称	编制期
工会01表	资产负债表	月报、年报
工会02表	收入支出表	月报、年报
工会01表附表1	往来款项明细表	年报
工会02表附表1	经费收缴情况表	季报、年报

资产负债表

工会01表

编制单位：　　　　____年__月__日　　　　单位：元

	资产	年初数	期末数		负债与净资产	年初数	期末数
	一、资产				二、负债		
101	库存现金			201	应付工资（离退休费）		
102	银行存款			202	应付地方（部门）津贴补贴		
111	零余额账户用款额度			203	应付其他个人收入		
112	财政应返还额度			211	借入款		
121	借出款			221	应付上级经费		
131	应收上级经费			222	应付下级经费		

续表

	资产	年初数	期末数		负债与净资产	年初数	期末数
132	应收下级经费			225	其他应付款		
135	其他应收款			231	代管经费		
141	库存物品				负债合计		
151	投资						
161	在建工程				三、净资产类		
162	固定资产			301	固定基金		
				302	在建工程占用资金		
				311	投资基金		
				321	专用基金		
				322	后备金		
				331	结余		
					净资产合计		
	资产总计				负债与净资产总计		

工会主席：　　　　财务负责人：　　　　复核：　　　　制表：

收入支出表

工会 02 表

编制单位：　　　　_____年___月　　　　单位：元

项目		本月数	本年累计数
一、收入			
401	会费收入		
402	拨缴经费收入		
403 40301 40302 40303	上级补助收入 回拨补助 专项补助 超收补助		

续表

项目		本月数	本年累计数
40304	帮扶补助		
40305	送温暖补助		
40306	救灾补助		
40307	其他补助		
404	政府补助收入		
405	行政补助收入		
406	事业收入		
407	投资收益		
408	其他收入		
本期收入合计			
二、支出			
501	职工活动支出		
50101	职工教育费		
50102	文体活动费		
50103	宣传活动费		
50104	其他活动支出		
502	维权支出		
50201	劳动关系协调费		
50202	劳动保护费		
50203	法律援助费		
50204	困难职工帮扶费		
50205	送温暖费		
50206	其他维权支出		
503	业务支出		
50301	培训费		
50302	会议费		
50303	外事费		
50304	专项业务费		

续表

项目		本月数	本年累计数
50305	其他业务支出		
504	行政支出		
50401	工资福利支出		
50402	商品和服务支出		
50403	对个人和家庭的补助		
50404	其他行政支出		
505	资本性支出		
50501	房屋建筑物购建		
50502	办公设备购置		
50503	专用设备购置		
50504	交通工具购置		
50505	大型修缮		
50506	信息网络购建		
50507	其他资本性支出		
506	补助下级支出		
50601	回拨补助		
50602	专项补助		
50603	超收补助		
50604	帮扶补助		
50605	送温暖补助		
50606	救灾补助		
50607	其他补助		
507	事业支出		
508	其他支出		
本期支出合计			
三、本期结余			

工会主席：　　　　财务负责人：　　　　复核：　　　　制表：

往来款项明细表

工会 01 表附表 1

编制单位：　　　　　　　　　____年___月___日　　　　　　　　　　单位：元

资产类科目	具体内容	金额	负债类科目	具体内容	金额
借出款			借入款		
（按明细项目列）			（按明细项目列）		
应收上级经费			应付上级经费		
（按明细项目列）			（按明细项目列）		
应收下级经费			应付下级经费		
（按明细项目列）			（按明细项目列）		
其他应收款			其他应付款		
（按明细项目列）			（按明细项目列）		
			代管经费		
			（按明细项目列）		

工会主席：　　　　财务负责人：　　　　复核：　　　　制表：

经费收缴情况表

工会 02 表附表 1

编制单位：　　　　　　____年___季度　　　　　　　　　　单位：元

项目 / 单位	应收经费				拨缴经费收入（本级）		应付经费				已付上级经费	应付未付上级经费
	应收上级经费		应收下级经费				应收上级经费		应收下级经费			
	比例	金额	比例	金额	比例	金额	比例	金额	比例	金额		
总计												

工会主席：　　　　财务负责人：　　　　复核：　　　　制表：

第五部分　会计报表编制说明

一、资产负债表编制说明

（一）本表反映工会某一会计期末全部资产、负债和净资产的情况。工会至少应当编制月度、年度资产负债表，可以根据需要编制季度、半年度资产负债表。

（二）编制年度资产负债表时，将“期末数”栏改为“年末数”栏。

（三）本表“年初数”栏内各项目，根据上年度资产负债表“年末数”栏内各对应项目数字填列。

（四）本表“期末数”栏内各项目，根据本期末总账各科目余额填列。“结余”项目也可以根据上期资产负债表“结余—期末数”加上本期收入支出表“本期结余—本月数”并加上本期收回投资、减去本期对外投资后的金额填列。

年度资产负债表“年末数”栏内各项目，根据本年末总账各科目余额填列。

二、收入支出表编制说明

（一）本表反映工会某一会计期间全部收入、支出和结余的情况。工会至少应当编制月度、年度收入支出表，可以根据需要编制季度、半年度收入支出表。

（二）编制年度收入支出表时，将表头中的“____年__月”改为“____年度”；并将“本月数”栏改为“本年数”栏，将“本年累计数”栏改为“上年数”栏。

（三）本表“本月数”栏内各项目，根据本月总账各科目借方或贷方发生额填列。

年度收入支出表“本年数”栏内各项目，根据本年度总账各科目借方或贷方发生额填列。

（四）本表“本年累计数”栏内各项目，根据本月末总账各科目余额填列，也可以根据上月收入支出表“本年累计数”加上本月收入支出表“本月数”后的金额填列。

年度收入支出表“上年数”栏内各项目，根据上年度收入支出表“本年数”栏内各对应项目数字填列。

工会预算管理办法

第一章　总　则

第一条　为了加强预算管理和宏观调控，强化分配和监督职能，保障工会社会职能的履行和工运事业的发展，根据《中华人民共和国工会法》、《中华人民共和国预算法》等法律、法规，结合工会实际，制定本办法。

第二条　工会预算是经一定程序核定的工会经费年度收支计划，是收好、管好、用好工会经费的重要手段，是工会财务管理的重要内容。各级工会必须按照本办法办理工会预、决算。

第三条　根据“统一领导，分级管理”的工会财务管理体制，工会预算一般分为五级管理，即：全国总工会、省级工会、市级工会、县级工会、基层工会。

预算管理实行下管一级的原则。

建立乡镇（街道）工会的地方，省级以下预算管理级次由省级总工会根据本地实际情况确定后，报全国总工会备案。

经全国总工会批准独立管理经费的中华全国铁路总工会、中国民航工会全国委员会、中国金融工会全国委员会，其预算管理级次由各自产业工会确定后，报全国总工会批准。

第四条　县级以上（含县级，下同）工会对独立核算事业单位的补助及企事业单位按规定上缴的收益列入本级预算；未独立核算的事业单位，其收支要全额列入本级预算。

第五条　各级工会要认真执行上级工会批准的预算。未经规定程序批准不得变更。

第六条　预算年度自公历 1 月 1 日起至 12 月 31 日止。

第七条　预算收支以人民币元为计算单位。

第二章　预算管理职权

第八条　工会预算包括本级预算和单位预算。本级预算是指各级工会本级次范围内工会经费收支（含所属建立预算管理关系的机关和单位）的总预算。单位预算是指与本级预算有相关经费收支管理关系的工会机关、企事业单位的预算。

第九条 实行本级预算管理的工会，其职权是：

1. 编制本级预算、决算草案和预算调整方案。

2. 审批下一级工会和依靠本级供给经费的工会机关及所属独立核算企事业单位的预算、决算，汇总本级及所属各级工会的决算。

3. 组织本级预算的执行，按规定程序办理预算调整。

4. 监督、检查下级工会和依靠本级供给经费的工会机关及所属独立核算企事业单位的预算执行情况。

5. 协调处理工会与同级政府财政、税务等部门及其他有关部门在工会预算管理方面的政策和经济关系。

各级工会财务部门是本级预算管理的职能部门，具体负责本级预算管理工作。

第十条 实行单位预算管理的工会机关、企事业单位，其职权是：

1. 编制本单位预算、决算草案和预算调整方案。

2. 按照批准的预算，积极组织各项收入，合理安排各项支出，办理各项核算业务，保证预算任务的完成。

3. 指导、监督所属单位或部门核算单位的各项财务收支工作。

4. 按规定程序办理预算调整。

5. 定期向主管工会财务部门报告预算执行情况。

第三章 预算收支范围

第十一条 工会预算由预算收入和预算支出组成。

预算收入包括：1. 会费收入；2. 拨缴经费收入；3. 上级补助收入；4. 政府补助收入；5. 行政补助收入；6. 事业收入；7. 投资收益；8. 其他收入。

预算支出包括：1. 职工活动支出；2. 维权支出；3. 业务支出；4. 行政支出；5. 资本性支出；6. 补助下级支出；7. 事业支出；8. 其他支出。

第四章 预算编制与审批

第十二条 工会预算编制的原则是：统筹兼顾，保证重点；量入为出，收支平衡；真实合法，精细高效。

第十三条 工会的年度预算应根据有关政策法规、上级工会要求、预算编制原则和本年度工会工作计划编制。本年度无重大支出项目，不得编制赤字预算。期末滚存经费结余不得出现赤字。

第十四条 预算收入的编制，要按照收入来源，充分考虑本年度各项变动因素，依法、真实、完整、合理地编制。

第十五条 预算支出的编制，要坚持勤俭节约，体现工会工作特点，要优化经费支出结构，把资金使用的重点安排在维护职工权益、为职工服务和工会活动方面。

第十六条 县级以上工会行政性支出预算，应参照同级政府的有关规定、制度、费用标准以及核定的人员编制编列。

第十七条 县级以上工会接受的财政补助资金要纳入预算管理，依据财政确定的开支范围专款专用。不得截留、挪用和改变资金用途。

第十八条 各级工会的办公、职工活动场所等基本建设，根据《工会法》及国家有关规定，应由同级政府或行政解决。

县级以上工会的办公和职工群众的文化、教育、体育活动设施，在政府给予大部分补助的前提下，经上级工会批准，可以动用少量经费弥补不足，上级工会也可根据情况给予适当补助。

第十九条 房屋建筑物购建、专项设备购置、大型修缮等预算，需附经有关专业部门论证的可行性工程项目论证报告、立项批复、开工许可等相关文件，按照工程进度及资金状况编制当年预算。列入地方基本建设或更新改造计划的工程项目，应附地方政府或相关部门文件。

第二十条 各级工会用部分结余经费投资时，必须进行可行性经济分析论证，提出书面报告，报职能部门审核，工会委员会（或常委会）讨论通过后，方可列入预算。

第二十一条 县级以上工会预算，可在本级预算支出总额的百分之五以内编列预备费，用于当年难以预见的特殊开支。

第二十二条 县级以上工会根据需要，可以从本级经费结余中安排一定数额的后备金作为储备，用于特殊情况下的资金需要。需要动用时，必须经过本级工会经费审查委员会审议，工会常委会批准，并报上级工会备案。

第二十三条 县级以上工会应根据全国总工会规定提取增收留成基金、财务专用基金和工会干部权益保障金。

第二十四条 全国总工会每年 10 月提出下年度省级工会编制预算的要求。省、市、县级工会应根据上级工会编制预算的要求，结合实际情况进行部署，并按照上级工会规定的时间上报下年度预算。

第二十五条 各级工会的本级预算草案，由各级工会财务部门编制，经工会委员会（或常委会）讨论通过，并经本级经费审查委员会审查通过后，报上一级工会审批或备案。上一级工会有权提出修订预算的意见和要求，下级工会根据提出的意见和要求调整预算。

依靠本级工会供给经费的工会机关及所属独立核算事业单位的预算草案由本级工会审批。

全国总工会预算草案，经全国总工会经费审查委员会审查通过后，由全国总工会书记处批准后执行。

第二十六条 各省级工会的本级预算（附工会机关预算），应在3月15日前报送全国总工会审批，全国总工会应于30个工作日内及时批复。

市级以下（含市级）工会本级预算的报批时间，由省级工会确定。

第五章 预算的执行与调整

第二十七条 各级工会预算由本级工会委员会（或常委会）组织执行，具体工作由本级工会财务部门负责。

第二十八条 各级工会应按照预算确定的任务积极组织收入。

第二十九条 各级工会要按照全国总工会、省级总工会的规定及时、足额拨缴工会经费，不得截留、挪用。

第三十条 各级工会预算在批准之前只能开支必要的基本费用及帮扶、送温暖等支出。建设工程、设备工具购置、大型修缮和信息网络购建等费用一般不得开支，因特殊原因必须提前开支的，经工会委员会（常委会）或主席办公会议同意，可控制在年度预算的25%以内。预算批准后，按照批准的预算执行。

第三十一条 各级工会应根据年度支出预算和用款计划拨款。不得办理超预算、超计划的拨款，不得越级办理预算拨款。

第三十二条 各级工会要加强预算支出的管理，严格执行预算和财务制度，不得擅自扩大支出范围，提高开支标准，不得以领代报，不得擅自改变预算资金用途。建设工程、设备工具购置、大型修缮和信息网络购建等支出，应经有关专业部门审核后执行。

第三十三条 各级工会要严格控制行政支出，专项资金必须专款专用。应纳入集中采购范围内的支出，按有关规定办理。

第三十四条 各级工会预算在执行过程中，发生项目改变或追加项目，经有关部门审核，报工会委员会（常委会）或主席办公会议同意后，在预算内调整或动用预算预备费。

第三十五条 各级工会预算在执行过程中，遇有特殊情况，预算收支总额需要增减变动时，应当编制预算调整方案，每年以一次为限，其编制、审批与预算编制审批程序相同。

第六章 决 算

第三十六条 工会决算是工会收支预算的执行结果。各级工会应按上级工会的要求编制年度决算。决算未经批准前，称为决算草案。

第三十七条 编制决算草案，必须符合法律法规，做到收支数额准确，内容完整，报送及时（附报工会机关决算草案）。

第三十八条 跨年度的基本建设工程，决算前按年度拨出数编报，最后年度工程竣工后，经具有相应资质的社会中介机构审核确认，按审核确认数扣除以前年度决算数后的余额，编制年度决算。

第三十九条 决算草案的审批程序与预算草案审批程序相同。

第四十条 省级工会的本级决算，应在3月15日前报送全国总工会审批，全国总工会应于30个工作日内及时批复。

市级以下（含市级）工会决算的报批时间，由省级工会确定。

第四十一条 各级工会的决算，应按上级工会的要求逐级汇总上报。

第七章 监 督

第四十二条 各级工会财务部门负责监督检查下级工会和本级工会所属单位预算的执行。

第四十三条 各级工会的预算、决算要接受同级工会经费审查委员会的审查审计监督。预算执行情况要接受上一级工会经费审查委员会的审计监督。

第四十四条 各级工会对年度预算安排的项目要逐步实行绩效考评制度。

第四十五条 有违反本办法规定，擅自改变预算资金的性质和使用范围，截留挪用项目资金；隐瞒收入，虚列支出，造成会计信息严重失真；擅自决定重大开支项目等行为的，上级工会应责令其做出检查，并要求纠正。情节严重，造成经济损失的，对负有直接责任的负责人和相关人员，按照国家法律法规和工会的有关规定追究其责任。

第八章 附 则

第四十六条 本办法自2010年1月1日施行。1998年9月9日颁发的《工会预算管理办法》同时废止。

第四十七条 本办法由全国总工会财务部负责解释。

第四十八条 省级工会可根据本办法，结合本地区、本系统的实际，制定具体的实施细则。

附件 工会经费收支预决算编报要求及表格

工会经费收支预决算编报要求及表格

一、工会经费收支预算表编报要求

1. 各级工会必须按全国总工会统一编制的表格填报，不得随意增减款、项科目。

2. 各级工会预算，要按上级工会要求准时上报。

3. 各级工会上报本级预算时应附依靠本级供给经费的工会机关支出预算。

4. 预算报表中“编制依据及说明”栏内应将编制依据简要填列，有预算定额标准的项目，要列出定额标准及计算公式，以便审核。

5. 跨年度的项目按当年所需资金，列入当年预算。

6. 预算说明书要全面完整。有数据，有情况，有分析。

7. 本预算应经同级工会经费审查委员会（经审委员）审查、本级工会委员会（或常委会）讨论通过后上报。

8. 本级预算编制后，将预算说明书、预算报表及机关的支出预算，加装预算报表封面，整理装订成册。封面和表内各页均应加盖公章及有关人员名章。

9. 本预算收支表金额单位一律用“元”，小数点后保留两位。

工会经费收支预算表

编制单位： （公章） （年度） 报表日期： 年 月 日 单位：元

科目		上年决算数	本年预算数	说明
编号	名称			
401	会费收入			
402	拨缴经费收入			
403	上级补助收入			
40301	回拨补助			
40302	专项补助			
40303	超收补助			
40304	帮扶补助			
40305	送温暖补助			

续表

科目		上年决算数	本年预算数	说明
编号	名称			
40306	救灾补助			
40307	其他补助			
404	政府补助收入			
405	行政补助收入			
406	事业收入			
407	投资收益			
408	其他收入			
	本年收入合计			
501	职工活动支出			
50101	职工教育费			
50102	文体活动费			
50103	宣传活动费			
50104	其他活动费			
502	维权支出			
50201	劳动关系协调费			
50202	劳动保护费			
50203	法律援助费			
50204	困难职工帮扶费			
50205	送温暖费			
50206	其他维权支出			
503	业务支出			
50301	培训费			
50302	会议费			
50303	外事费			
50304	专项业务费			
50305	其他业务费			
504	行政支出			
50401	工资福利支出			
50402	商品和服务支出			

续表

科目		上年决算数	本年预算数	说明
编号	名称			
50403	对个人和家庭的补助			
50404	其他行政支出			
505	资本性支出			
50501	房屋建筑物购建			
50502	办公设备购置			
50503	专用设备购置			
50504	交通工具购置			
50505	大型修缮			
50506	信息网络购建			
50507	其他资本性支出			
506	补助下级支出			
50601	回拨补助			
50602	专项补助			
50603	超收补助			
50604	帮扶补助			
50605	送温暖补助			
50606	救灾补助			
50607	其他补助			
507	事业支出			
508	其他支出			
预备费				
本年支出合计				
本年结余				
	加：上年结余			
	加：本年收回投资			
	减：本年投资			
	减：本年提取后备金			
期末滚存结余				

工会主席： 经费审查委员会主任： 财务负责人： 制表：

二、工会经费收支决算表编报要求

1. 各级工会必须按全国总工会统一编制的表格填报，不得随意增减款、项科目。

2. 本表“核定预算数”按上级工会核定的预算填列。

3. 本表“决算数”根据本级工会会计年末各有关总账科目借贷方累计余额与所属单位报表汇总填列。

4. 本决算应附文字说明，分析全年预算的执行情况，重点检查经费收缴、主要收支构成情况和问题以及采取的措施、取得的效果等。

5. 本决算应经同级工会经费审查委员会（经审委员）审查、本级工会委员会（或常委会）讨论通过后上报。

6. 本决算编制后，将决算说明、决算报表及机关的支出决算，加装决算报表封面，整理装订成册。封面和表内各页均应加盖公章及有关人员名章。

7. 本决算收支表金额单位一律用“元”，小数点后保留两位。

工会经费收支决算表

编制单位：　　（公章）　　（年度）　　报表日期：　年　月　日　　单位：元

科目		核定预算数	决算数	完成预算%	说明
编号	名称				
401	会费收入				
402	拨缴经费收入				
403	上级补助收入				
40301	回拨补助				
40302	专项补助				
40303	超收补助				
40304	帮扶补助				
40305	送温暖补助				
40306	救灾补助				
40307	其他补助				
404	政府补助收入				
405	行政补助收入				
406	事业收入				
407	投资收益				

续表

科目		核定预算数	决算数	完成预算%	说明
编号	名称				
408	其他收入				
	本年收入合计				
501	职工活动支出				
50101	职工教育费				
50102	文体活动费				
50103	宣传活动费				
50104	其他活动费				
502	维权支出				
50201	劳动关系协调费				
50202	劳动保护费				
50203	法律援助费				
50204	困难职工帮扶费				
50205	送温暖费				
50206	其他维权支出				
503	业务支出				
50301	培训费				
50302	会议费				
50303	外事费				
50304	专项业务费				
50305	其他业务费				
504	行政支出				
50401	工资福利支出				
50402	商品和服务支出				
50403	对个人和家庭的补助				
50404	其他行政支出				
505	资本性支出				
50501	房屋建筑物购建				
50502	办公设备购置				
50503	专用设备购置				

续表

科目		核定预算数	决算数	完成预算%	说明
编号	名称				
50504	交通工具购置				
50505	大型修缮				
50506	信息网络购建				
50507	其他资本性支出				
506	补助下级支出				
50601	回拨补助				
50602	专项补助				
50603	超收补助				
50604	帮扶补助				
50605	送温暖补助				
50606	救灾补助				
50607	其他补助				
507	事业支出				
508	其他支出				
	预备费				
	本年支出合计				
	本年结余				
	加：上年结余				
	加：本年收回投资				
	减：本年投资				
	减：本年提取后备金				
	期末滚存结余				

工会主席：　　经费审查委员会主任：　　财务负责人：　　制表：

三、工会经费收支决算汇总表编报说明

1. 本表适用于基层工会、县级工会、市级（地、州、盟）工会、省级工会和全国总工会汇总所属决算报表之用。

2. 各省、市、县、基层工会必须按全国总工会统一编制的表格及有关要求汇总填报，不得随意增减款级科目。

3. 决算汇总要求做到数字计算正确，内容完整，并按规定时间及时报送，

省级工会必须于次年 3 月 15 日前报送全国总工会财务部一份，包括书面文档和电子数据。

4. 本表金额单位一律用“万元”，小数点后保留两位。

5. 省级工会的决算汇总表应另附决算汇总表说明书。

6. 收支决算汇编的口径及要求：

（1）省辖市级（地、州、盟）工会汇总时，将本级工会的决算填入“市级工会”栏内，根据县（市、市辖区、旗）工会的本级决算汇入“县级工会”栏内，根据县（市、市辖区、旗）工会上报的基层工会汇总决算和市（地、州、盟）直基层工会的汇总决算汇入“基层工会”栏内；

（2）省（自治区）工会汇总时，将本级决算填入“省级工会”栏内，将市（地、州、盟）工会和省产业（局）工会的决算，填入“市级工会”栏目，县级工会决算汇总填表入“县级工会”栏目，根据省直基层和市、县所属基层汇总填表入“基层工会”栏目；

（3）直辖市工会汇总时，将本级决算填入“省级工会”栏内，将区（局）工会的本级决算和直辖市所属县总工会决算，汇总填入“市级工会”栏中，根据市直和区（县）局的基层汇总列入“基层工会”栏内；

（4）全国铁路总工会、中国民航工会、中国金融工会汇总时，将本级决算填入“省级工会”栏内，基层工会汇总决算填入“基层工会”栏内；

（5）中央国家机关工会和中直机关工会汇总时，将本级决算填入“省级工会”栏内，基层工会汇总决算填入“基层工会”栏内；

（6）全国总工会汇总时，将本级决算填入“全国总工会”栏内，并根据省级工会上报的汇总决算进行汇总。

7. 省级工会在“汇总决算数”栏内，应对冲“上级补助收入”与“补助下级支出”科目（即上级补助收入科目保留全国总工会的补助数，其余全部与补助下级支出冲减）；省级工会在“汇总决算数”栏内填写对冲以上两个科目数外，其余各栏数字按原数汇总填列，市级工会也可按此原理进行对冲。

8. 汇总决算应报文字说明，除说明应汇和实汇的单位外，主要是运用结构分析和对比分析的方法，对各级工会经费收、交的状况作综合性检查、分析；重点分析工会经费收、支构成变动情况和问题，为领导制定政策，改进工作提供参考。

9. 省级工会决算汇总编妥后，应将决算汇总表说明、决算汇总报表、加决算汇总封皮，整理装订成册上报全国总工会一份，封皮应加盖公章，经手人员要盖个人名章，同时要求将报表电子数据报送全国总工会。

参考文献

1. 财政部，工会会计制度，中国财政经济出版社，北京，2009。

2. 中华全国总工会，工会十六大文件汇编，中国工人出版社，2013。

3. 中华全国总工会，工会财务制度文件选编，中国工人出版社，2005。

4. 任小平著，会计信息与工资集体协商，中国电子工业出版社，2008。

5. 任小平著，企业财务报告：基于“数据”的分析、甄别和管理，中国工商出版社，2006。

6. 任小平著，盈余管理研究：基于雇员工资合约的视角，中国财政经济出版社，2011。

7. 任小平著，财务从不说假话，石油工业出版社，2012。

8. 任小平著，财务没有潜规则，清华大学出版社，2014。